Backen mit Ross

& Mama Vivien

Backen
MIT ROSS
& Mama Vivien
Unsere 50 Lieblingsrezepte
EMF
EIN BUCH DER EDITION MICHAEL FISCHER

Inhalt

Liebe Leserinnen und Leser,

herzlich willkommen zu diesem besonderen Backbuch, das ich mit großer Freude für euch verfasst habe. Es ist nicht nur eine einfache Rezeptsammlung, sondern vielmehr eine Hommage an die wundervolle Zeit, die ich mit meiner Mutter beim gemeinsamen Backen verbringe. Es ist eine Liebeserklärung an die Kunst des Backens und die unvergesslichen Momente, die daraus entstehen.

Für mich ist das Backen nicht nur eine kulinarische Leidenschaft, sondern auch eine Möglichkeit, wertvolle Zeit mit meiner Mutter zu verbringen. Wir stehen Seite an Seite in der Küche, tauschen Rezepte und Ideen aus und lassen unserer Kreativität freien Lauf. Es ist ein Moment der Verbundenheit, in dem wir uns gegenseitig inspirieren und unsere Emotionen in jede Kreation einfließen lassen.

Das Backen mit meiner Mutter ist eine Quelle der Freude, ich empfinde die gemeinsame Zeit als Belohnung. Wir genießen es, die leckeren Düfte zu riechen, den Teig zu kneten und die süßen Köstlichkeiten aus dem Ofen zu holen. Unsere selbst gemachten Leckereien zu präsentieren und die strahlenden Gesichter unserer Liebsten zu sehen, ist eine Erfahrung, die uns immer mit Stolz erfüllt.

In diesem Buch teile ich nicht nur unsere liebsten Rezepte, sondern auch unsere persönlichen Geschichten und Erinnerungen. Ich hoffe, dass ihr durch diese Seiten die gleiche Begeisterung und Liebe für das Backen spürt, die mich und meine Mutter antreiben.

Lasst euch von den köstlichen Rezepten inspirieren, entdeckt neue Geschmackskombinationen und macht das Backen zu einem besonderen Moment in eurem Leben. Denn Backen ist nicht nur eine Kunst, sondern auch ein Ausdruck von Liebe und Hingabe.

Ich wünsche euch viel Freude beim Lesen und vor allem beim Nachbacken!

Euer Ross

Zutaten
aus der britischen Backstube

In der britischen Küche werden Zutaten verwendet, die im deutschsprachigen Raum weniger bekannt sind. Hier verrate ich dir, was sich hinter den Begriffen versteckt und wodurch du solche Zutaten ersetzen kannst.

Crème double

Crème double, auch als Doppelrahm bekannt, ist eine feste süße Sahne mit einem Fettgehalt von 40–55%. Sie wird zum Backen und für Süßspeisen verwendet.

Leider findet man sie nicht in jedem Supermarkt. Als Ersatz kannst du aber auch Crème fraîche nehmen oder Mascarpone und süße Sahne zu gleichen Anteilen mischen. Als Ersatz in Tortencremes eignet sich auch fest geschlagene Schlagsahne.

Vanilleextrakt

Vanilleextrakt ist eine Flüssigkeit, die durch Einlegen des Vanillemarks in Alkohol hergestellt wird. Es eignet sich gut zum Backen und kommt in vielen meiner Rezepte vor.

Wenn du kein Vanilleextrakt bekommst, kannst du es auch durch reines Vanillemark oder alternativ Vanillezucker ersetzen. Dabei gilt: 1 TL Vanilleextrakt entspricht dem Mark einer halben Vanilleschote und damit einem herkömmlichen Päckchen Vanillezucker.

Mixed Spice

Diese Gewürzmischung fehlt in keinem britischen Haushalt. Erhältlich ist sie im Feinkosthandel oder übers Internet.

Du kannst sie aber auch einfach selbst herstellen. Mische folgende gemahlene Gewürze und fülle sie zusammen in ein luftdicht verschließbares Glas:

2 TL Zimt
2 TL Muskatnuss
2 TL Piment
1 TL Nelke
1 TL Koriander
1 TL Ingwer

English TEATIME

Jeden Nachmittag zieht der Duft nach Tee und Gebäck durch die Straßen der englischen Städte und Dörfer. Teatime ist eine feste Tradition auf den britischen Inseln. Zum schwarzen Tee, der mit einem Schluck Milch getrunken wird, reicht man typisch britisches Gebäck: Scones, Cupcakes, Puddings und Shortbread.

Auf den folgenden Seiten findet ihr Leckereien, die meine Mutter häufig zur Teatime serviert hat. Vorneweg der typisch englische Picknick-Kuchen, der viele Trockenfrüchte enthält. Die Rosinen-Scones stammen aus Großmutters Rezeptbuch, die Erdbeer-Sekt-Cupcakes sind ein Geheimrezept meiner Mutter. Ein originales Butterkuchenrezept aus Wales, eine Anleitung für den berühmten Gingerbread Pudding und viele weitere Köstlichkeiten habe ich außerdem für euch aufgeschrieben.

Pikanter

Picknickkuchen

Zutaten

für einen Kuchen
(hohe Springform Ø 15 cm)

Für den Teig

230 g Mehl (Type 405)
1 TL Backpulver
1 TL Mixed Spice (siehe Seite 13)
½ Bio-Zitrone
1 Bio-Orange
110 g Butter, plus etwas mehr zum Einfetten der Form
60 g rote Johannisbeeren
110 g Zucker
60 g Sultaninen
60 g Rosinen
2 Eier (Größe M)

Zur Dekoration

4 Cocktailkirschen
4 halbe Walnusskerne
1 EL Zucker

So geht's

1. Mehl, Backpulver und Gewürze in einer Schüssel verrühren. Die Zitrone und die Orange heiß waschen und die Schalen fein abreiben. Den Schalenabrieb in die Schüssel geben.
2. Die Butter würfeln und mit den Händen in die Mehlmischung reiben, sodass Krümel entstehen.
3. Die Johannisbeeren waschen und gut abtropfen lassen. Zucker, Sultaninen, Johannisbeeren und Rosinen in den Teig geben und alles gut mixen. Die Eier mit dem Schneebesen aufschlagen und in den Teig rühren. Der Teig sollte zähflüssig sein, gegebenenfalls etwas Wasser hinzufügen.
4. Den Backofen auf 190 °C Ober-/Unterhitze (170 °C Umluft) vorheizen. Die Springform einfetten und den Teig hineinfüllen. Mit den Kirschen und Walnüssen garnieren und mit Zucker bestreuen.
5. Den Picknickkuchen im heißen Ofen (Mitte) 15 Minuten backen, dann die Temperatur auf 180 °C reduzieren (160 °C Umluft) und weitere 75 Minuten backen. In der Form leicht abkühlen lassen, anschließend auf einem Gitter vollständig erkalten lassen. Fertig ist der perfekte Picknick-Proviant!

Glasierter
Möhrenkuchen

Zutaten

für einen Kuchen
(Kastenform 30 x 8,5 cm)

Für den Teig

230 g Möhren
2 Eier (Größe M)
100 ml Sonnenblumenöl
110 g Rohrohrzucker
2 EL Honig
1 TL Vanilleextrakt (siehe Seite 13)
110 g Mehl (Type 405)
110 g Vollkornmehl
1 TL Natron
Salz
4 TL Mixed Spice (siehe Seite 13)
Butter zum Einfetten der Form

Für die Glasur

30 g zimmerwarme Butter
90 g Frischkäse (65 % Fett)
230 g Puderzucker
½ TL Mixed Spice (siehe Seite 13)

So geht's

1. Die Möhren waschen und raspeln. Die Eier mit dem Schneebesen leicht aufschlagen und über die Möhren geben.
2. Öl, Zucker, Honig und Vanilleextrakt hinzufügen und gut mixen.
3. Die beiden Mehlsorten mit Natron, ¼ TL Salz und dem Gewürz mischen und löffelweise unterrühren.
4. Den Backofen auf 160 °C Ober-/Unterhitze (140 °C Umluft) vorheizen. Die Kuchenform einfetten.
5. Den Teig in die Backform geben und im heißen Ofen (Mitte) 1 Stunde backen. Danach gut abkühlen lassen.
6. Für die Glasur erst die Butter mit dem Frischkäse aufschlagen und dann den Puderzucker unterrühren. Über den abgekühlten Kuchen streichen und mit ein bisschen Gewürzmischung bestreuen.

Rosinen-Scones

Zutaten

für 8 Scones

230 g Mehl (Type 405), plus etwas mehr zum Arbeiten

3 TL Backpulver

Salz

50 g kalte Butter

2 EL Honig

150 g Buttermilch (alternativ 150 ml Vollmilch)

50 g Rosinen

Außerdem

2 EL Milch zum Bestreichen

So geht's

1. Gesiebtes Mehl, Backpulver und 1 Prise Salz in einer Schüssel verrühren. Die kalte Butter in kleine Stücke schneiden und mit der Hand in das Mehl reiben, sodass Krümel entstehen.
2. Den Honig in die Buttermilch rühren. In der Mitte der Mehl-Butter-Mischung eine Mulde formen und die Buttermilch hineingießen. Die Rosinen hinzugeben und alles zu einem dickflüssigen, klebrigen Teig verrühren.
3. Auf einer bemehlten Oberfläche nur wenige Sekunden durchkneten, bis sich eine glatte Teigkugel formen lässt. Den Teig 2–3 cm dick ausrollen. Mit einem bemehlten Messer in acht dreieckige Stücke teilen.
4. Den Backofen auf 220 °C Ober-/Unterhitze (200 °C Umluft) vorheizen. Ein Backblech mit Backpapier auslegen. Die Scones darauf platzieren und mit der Milch bestreichen. Im heißen Ofen (Mitte) 10–15 Minuten backen, bis die Scones goldbraun sind.
5. Die Scones nach dem Backen kurz abkühlen lassen und noch lauwarm mit Butter oder Honig zu Tee oder Kaffee genießen.

Sommerliche
Beeren-Tarte

Zutaten

für eine Tarte
(Springform Ø 23 cm)

Für den Boden

250 g Mehl (Type 405), plus etwas mehr zum Arbeiten

130 g Butter, plus etwas mehr zum Einfetten der Form

50 g Puderzucker

1 Ei (Größe M)

½ Bio-Zitrone

Für die Füllung

2 Bio-Zitronen

250 g griechischer Joghurt

1 Dose gesüßte Kondensmilch (400 g, z. B. Milchmädchen)

4 Eier (Größe M)

Für das Topping

50 g griechischer Joghurt

250 g Beeren (z. B. Himbeeren, Brombeeren, Erdbeeren ...)

1–2 EL Puderzucker

Außerdem

Backbohnen zum Blindbacken (alternativ Hülsenfrüchte)

So geht's

1. Für den Boden Mehl, Butter und Puderzucker mit der Hand oder der Küchenmaschine zu feinen Krümeln vermengen.
2. Das Ei mit einem Schneebesen aufschlagen und hinzugeben.
3. Die Zitrone heiß waschen, die Schale abreiben und den Saft auspressen. Abrieb und Saft zum Teig geben und alles mixen.
4. Den Teig auf einer bemehlten Oberfläche ausrollen. Die Tarteform einfetten, den Teig hineinlegen und mit einer Gabel mehrfach einstechen. Nun 15–30 Minuten kalt stellen.
5. Den Backofen auf 190 °C Ober-/Unterhitze (170 °C Umluft) vorheizen. Den Tarteboden mit Backpapier abdecken und mit Backbohnen auffüllen. Die Form auf ein Backblech stellen und im heißen Ofen (Mitte) 10–15 Minuten backen. Dann Backpapier und Bohnen entfernen und weitere 5 Minuten backen, bis der Boden knusprig ist.
6. In der Zwischenzeit für die Füllung die Zitronen heiß waschen, die Schale abreiben und den Saft auspressen. Joghurt, Kondensmilch, Eier, Zitronensaft und Zitronenschale in einer Schüssel gründlich zu einer glatten Masse verrühren.
7. Die Temperatur auf 160 °C Ober-/Unterhitze (140 °C Umluft) reduzieren. Die Füllung auf den Tarteboden geben. Im heißen Ofen (Mitte) 35–40 Minuten backen, bis sich die Oberfläche etwas wölbt und leicht färbt. Herausnehmen und gut abkühlen lassen.
8. Für das Topping den Joghurt auf die Tarte geben, die Beeren waschen beziehungsweise putzen, trocken tupfen, darauf verteilen und mit ein bisschen Puderzucker bestäuben.

ROSS' TIPP

Für diese Tarte eignen sich zum Beispiel Himbeeren, Heidelbeeren, Erdbeeren und rote Johannisbeeren – einzeln oder gemischt.

Walisischer Butterkuchen

Zutaten

für einen Kuchen
(Springform Ø 20 cm)

Für den Teig

100 g gesalzene Butter, plus etwas mehr zum Einfetten der Form

80 g Zucker

3 Eier (Größe L)

180 g Mehl (Type 405)

1 TL Backpulver

50 g Sultaninen

1 EL Milch

Für das Topping

40 g gesalzene Butter

2 EL Rohrohrzucker

½ TL gemahlener Zimt

So geht's

1. Für den Teig die Butter mit dem Zucker in einer Schüssel schaumig schlagen. Die Eier einzeln zugeben und untermixen.
2. Das Mehl mit dem Backpulver mischen und löffelweise unterrühren. Die Sultaninen und die Milch hinzufügen und alles zu einem Teig verrühren.
3. Den Backofen auf 190 °C Ober-/Unterhitze (170 °C Umluft) vorheizen. Die Backform einfetten und den Boden mit Backpapier auslegen.
4. Den Teig anschließend in die Backform füllen und im heißen Ofen (Mitte) 15–20 Minuten backen.
5. Für das Topping Butter, Zucker und Zimt zusammen schaumig schlagen.
6. Sobald der Kuchen gut aufgegangen und goldbraun gebacken ist, wird er mit dem Topping überzogen. Nachdem die Butter eingezogen ist, den Kuchen aus der Form nehmen. Nach Belieben warm oder kalt servieren. Schon der Duft in der Küche ist Grund genug, diesen Butterkuchen immer und immer wieder zu backen.

Erdbeer-Sekt-Cupcakes

Zutaten

für 12 Cupcakes

Für den Teig

150 g zimmerwarme Butter

150 g Zucker

3 Eier (Größe M)

1 TL Vanilleextrakt (siehe Seite 13)

200 g Mehl (Type 405)

½ TL Backpulver

3 EL Milch

Für den Sektsirup (optional)

70 ml Sekt

3–4 EL Zucker

Für die Buttercreme

250 g Butter

350 g Puderzucker

2 TL Sektsirup (siehe oben, alternativ Holunderblütensirup)

Zur Dekoration

12 TL Sektsirup

24 kleine Erdbeeren

Außerdem

12 Cupcake-Papierförmchen

Muffinbackform

So geht's

1. Butter und Zucker in einer Schüssel schaumig schlagen. Die Eier unterrühren, dann den Vanilleextrakt hinzugeben. Das Mehl mit dem Backpulver mischen und löffelweise unterrühren. Die Milch hinzugeben und alles zu einem glatten Teig mixen.
2. Den Backofen auf 170 °C Ober-/Unterhitze (150 °C Umluft) vorheizen. Eine Muffinform mit 12 Cupcake-Papierförmchen auskleiden. Den Teig gleichmäßig auf die Förmchen verteilen.
3. Die Cupcakes im heißen Ofen (Mitte) 25 Minuten backen, bis sie goldbraun sind und bei leichtem Druck zurückspringen. Dann auf einem Gitter gut abkühlen lassen.
4. Für den Sirup Sekt und Zucker in einem kleinen Topf leicht erhitzen, bis sich der Zucker auflöst. Vom Herd nehmen und abkühlen lassen.
5. Für die Buttercreme Butter und Puderzucker in einer Schüssel schaumig schlagen. Anschließend nach Belieben 2 TL von dem Sektsirup hinzugeben und unterschlagen.
6. Nach dem Abkühlen der Cupcakes die Oberseiten dünn abschneiden, sodass eine gerade Oberfläche entsteht. Die abgeschnittenen Deckel aufheben. Mit einem kleinen Messer eine konische Vertiefung in die Cupcakes schneiden (wie bei einer Eiswaffel). Das Loch sollte oben so groß wie 1 kleine Erdbeere sein.
7. Nach Belieben 1 TL Sirup in die Vertiefung und deren Seitenränder träufeln. Eine kleine Erdbeere in die Vertiefung stecken.
8. Die Buttercreme in einen Spritzbeutel füllen und die Oberseite der Cupcakes überziehen. Den abgeschnittenen Deckel daraufsetzen und mit 1 Tupfen Creme und 1 Erdbeere dekorieren.

ROSS' TIPP

Du kannst den selbst gemachten Sekt-Sirup durch Holunderblütensirup ersetzen.

Vegane Preiselbeer-

Orangen-Torte

Zutaten

für eine Torte
(drei Ø 20 cm-Springformen)

Für die Biskuitböden

180 g vegane Backmargarine, plus etwas mehr zum Einfetten der Form

300 ml Sojadrink

1 EL Weißweinessig

300 g Mehl (Type 405)

1 TL Backpulver

1 TL gemahlener Ingwer

1 TL gemahlener Zimt

1 Bio-Orange

220 g Zucker

70 g getrocknete Preiselbeeren

50 g Puderzucker

Für die Glasur

120 g vegane Backmargarine

250 g Puderzucker

½ TL Mandelaroma

Für das Topping

1 Orange (alternativ 6 EL Orangensaft)

200 g Puderzucker

60 g Zucker

60 g getrocknete Preiselbeeren

kandierte Orangenschalenzesten (optional)

So geht's

1. Für die Böden die Margarine im Topf zerlassen, danach abkühlen lassen.
2. Den Sojadrink mit dem Essig gut aufschlagen, dann fest werden lassen.
3. Das Mehl mit Backpulver und Gewürzen in einer Schüssel verrühren.
4. Die Orange heiß waschen, die Schale abreiben und den Saft auspressen. Den Orangensaft beiseitestellen. Die Orangenschale mit dem Zucker zur Mehlmischung hinzugeben und unterrühren.
5. In der Mitte der Mehlmischung eine Mulde formen. Die Margarine, den Sojadrink und die Preiselbeeren hineingeben. Alles gut verrühren.
6. Den Backofen auf 180 °C Ober-/Unterhitze (160 °C Umluft) vorheizen. Die Backformen einfetten und deren Böden mit Backpapier auslegen. Den Teig auf die drei Formen verteilen und 20–30 Minuten backen.
7. Die gebackenen Böden mit einer Gabel mehrfach einstechen. Den Puderzucker mit der Hälfte des Orangensafts verrühren (die andere Hälfte anderweitig verwenden) und gleichmäßig auf den Böden verteilen. Zum Abkühlen beiseitestellen.
8. Für die Glasur Margarine, Puderzucker und Mandelaroma mit dem Handrührgerät auf niedriger Stufe schaumig schlagen, bis sie die Konsistenz von Schlagsahne hat. Wird die Masse zu fest, etwas Wasser hinzugeben.
9. Die Böden aus den Formen lösen. Den ersten Boden auf eine Platte legen und mit einem Drittel der Glasur überziehen. Den zweiten Boden daraufsetzen und mit einem weiteren Drittel der Glasur bedecken, ebenso mit dem dritten Boden verfahren.
10. Für das Topping die Orange auspressen. Puderzucker in eine Schüssel sieben und den Saft nach und nach unterrühren. Topping über den Kuchen gießen, sodass es seitlich runterläuft. Zum Trocknen beiseitestellen.
11. Zucker mit 4 EL Wasser in einem Topf zum Kochen bringen. Die Preiselbeeren hinzugeben und ca. 10 Minuten leicht köcheln lassen, bis der Sirup dickflüssig ist und die Beeren weich sind. Abkühlen lassen und über den Kuchen geben. Mit kandierten Orangenschalenzesten garnieren.

Gestürzter
Zitronen-Käsekuchen

Zutaten

für einen Kuchen
(Springform Ø 20 cm)

2 Bio-Zitronen
500 g Quark (40 % Fett)
200 g Frischkäse
6 EL Lemon Curd (siehe Seite 126)
2 EL Puderzucker
4 Blatt Gelatine
12 Amaretti-Kekse

So geht's

1. Die Springform mit Backpapier auskleiden.
2. Die Zitronen heiß waschen, die Schalen abreiben und den Saft auspressen. 1–2 EL Saft und 2 TL Schalenabrieb für die Dekoration beiseitestellen.
3. In einer Schüssel Quark und Frischkäse mit Lemon Curd, Puderzucker und restliche Zitronenschale cremig schlagen.
4. Die Gelatineblätter in kaltem Wasser einweichen. Den Zitronensaft in eine kleine Pfanne geben, die eingeweichten Gelatineblätter leicht ausdrücken und hinzufügen. Leicht erhitzen, bis die Gelatine geschmolzen ist. Dann in die Quarkcreme einrühren.
5. Die Creme in die vorbereitete Springform füllen.
6. Die Amaretti in einen Frischhaltebeutel geben und mithilfe einer Teigrolle zerdrücken. Die Brösel über die Creme streuen und leicht andrücken.
7. Mindestens 3–4 Stunden (am besten über Nacht) im Kühlschrank kalt stellen. Zum Servieren den Kuchen auf einen Servierteller stürzen. Den für die Dekoration aufbewahrten Zitronensaft mit dem Schalenabrieb verrühren und über den Kuchen gießen.

Gingerbread Pudding

Zutaten

für vier Puddings
(Förmchen Ø 7,5 x H 6,5 cm,
alternativ Muffinform mit
4 großen Mulden)

50 g zimmerwarme Butter, plus etwas mehr zum Einfetten der Form

1 Gläschen Stem Ginger (siehe Info)

50 g Rohrohrzucker

1 Ei (Größe M)

1 TL gemahlener Ingwer

1 TL geraspelter frischer Ingwer

100 g Mehl (Type 405)

1 Msp. Backpulver

Außerdem

Auflaufform

So geht's

1. Vier kleine Puddingformen einfetten. Zwei Stück Stem Ginger in Scheibchen schneiden und in den Formen verteilen. Anschließend etwas Sirup aus dem Glas darüberträufeln.
2. Die Butter mit dem Zucker schaumig schlagen. Das Ei leicht aufschlagen und hinzufügen. Den gemahlenen und den geraspelten Ingwer, Mehl und Backpulver sowie 2–3 EL warmes Wasser hinzugeben und sorgfältig zu einem Teig mixen.
3. Den Teig auf die Förmchen verteilen. Die Formen in eine Auflaufform stellen und diese mit heißem Wasser füllen, sodass die Förmchen zur Hälfte im Wasser stehen. Die Auflaufform mit Alufolie abdecken.
4. Den Backofen auf 180 °C Ober-/Unterhitze (160 °C Umluft) vorheizen. Die Auflaufform auf ein Backblech stellen und im heißen Ofen (Mitte) 20–25 Minuten backen. Anschließend mindestens 5 Minuten auskühlen lassen, ehe die Puddings aus den Förmchen gestürzt und auf einem Teller angerichtet werden.

Stem Ginger

Stem Ginger ist in Sirup eingelegter Ingwer. Er wird in der britischen Küche gerne zum Kochen und Backen verwendet. Hierzulande ist er im Feinkosthandel oder online erhältlich.

Shortbread

Biscuits

Zutaten

für 15–20 Biscuits

230 g zimmerwarme Butter
190 g Zucker
2 TL Vanilleextrakt (siehe Seite 13)
2 Eier (Größe M)
420 g Mehl (Type 405), plus etwas mehr zum Arbeiten

So geht's

1. Die Butter und den Zucker mit dem Handrührgerät schaumig schlagen. Vanilleextrakt und Eier hinzufügen und gut verrühren. Das Mehl löffelweise hinzugeben und auf niedriger Stufe gut mixen.
2. Den Teig auf einer bemehlten Arbeitsfläche gut 1 Minute mit den Händen glatt kneten. Ist der Teig zu klebrig, etwas Mehl unterkneten.
3. Den Teig ca. 5 mm dick ausrollen und Plätzchen ausstechen oder die Teigplatte in gleichmäßige Stücke schneiden.
4. Den Backofen auf 180 °C Ober-/Unterhitze (160 °C Umluft) vorheizen. Ein Backblech mit Backpapier auslegen und die Kekse mit etwas Abstand zueinander daraufsetzen. Im heißen Ofen (Mitte) 10–12 Minuten backen, bis die Ränder leicht gebräunt sind. Auf Backpapier auskühlen lassen.

ROSS' TIPP

Bei Shortbread ist weniger mehr – die leckeren Kekse dürfen nicht zu braun werden, deswegen solltest du sie sofort aus dem Ofen holen, wenn die Ränder ganz leicht bräunen. Sie werden sonst zu trocken.

Familienzeit

Draußen prasselt der Regen durch den graukalten Nachmittag. Hier drinnen ist es gemütlich warm. Auf dem Wohnzimmertisch flackert das Teelicht im Stövchen und wärmt die kleine Porzellankanne mit dem frisch aufgegossenen Darjeeling-Tee. Daneben steht ein Teller mit selbst gebackenen Scones.

Teatime – die schönste Zeit des Tages. Wir sitzen zusammen, reden über unsere Erlebnisse des heutigen Tages, hängen Erinnerungen nach und lachen zusammen.

Schon als Kind habe ich diese gemeinsame Auszeit geliebt, den Austausch mit der Familie, den Genuss von Tee und Gebäck. Wenn mein Vater am Nachmittag nach Hause kam, empfing meine Mutter ihn mit heißem Tee und frisch gebackenen Leckereien. Wir saßen alle zusammen am Tisch, unterhielten uns, genossen das Gebäck und das Gefühl der Zusammengehörigkeit.

Teatime ist mehr als nur ein gelegentliches gemeinsames Kuchenessen, mehr als eine seltsame britische Tradition. Teatime ist Wohlfühlzeit, Familienzeit, Ruhezeit. Ein kurzes Innehalten im stressigen Alltag, eine gemeinsame Pause, in der wir uns auf das besinnen, was uns im Leben wichtig ist. Eine Zeit der Liebe, der Zusammengehörigkeit und des Genusses.

Light and FLUFFY

Wenn zur Hochsommerzeit die Sonne in den Garten scheint, ziehen wir uns in den Schatten der Terrasse zurück. Unter dem Dach aus Weinreben und Blauregen genießen wir leichtes, lockeres und luftiges Gebäck, das auf der Zunge zergeht.

Das folgende Kapitel enthält vielfältige Rezepte für leichte, fluffige Leckereien, von denen man nie genug bekommen kann. Eine Torte, die uns von der Südsee träumen lässt. Französische Madeleines auf englische Art. Feinste Krapfen mit Craquelin-Überzug und sommerlichen Beeren. Der beliebte Baseema-Kuchen aus dem Sudan. Und natürlich Eclairs, die mich an die Sommer meiner Kindheit erinnern ...

Fruchtig-frischer
Südseetraum

Zutaten

für eine Torte
(Springform Ø 20 cm)

Für den Boden

100 g Kokosraspel

150 g zimmerwarme Butter, plus etwas mehr zum Einfetten der Form

300 g Butterkekse

Für die Käsecreme

4 Bio-Limetten

4 Passionsfrüchte

450 g Frischkäse

200 g Puderzucker

450 g Crème double (siehe Seite 12)

So geht's

1. Für den Boden die Kokosraspel in einer Pfanne ohne Fett leicht anrösten. Wenn sie goldbraun sind, in eine Schüssel geben. Anschließend die Butter in der Pfanne zerlassen.
2. Die Kekse in einem Frischhaltebeutel oder mit einem Standmixer zerkleinern. Butter und Kekskrümel mit den Kokosraspeln mischen.
3. Die Springform einfetten und den Boden mit Backpapier auslegen. Die Mischung für den Boden hineingeben und mit einer Gabel festdrücken, anschließend kalt stellen.
4. Für die Käsecreme zunächst die Limetten heiß waschen, dann die Schale abreiben und den Saft auspressen. Die Passionsfrüchte halbieren und das Fruchtfleisch mit einem Löffel herauslösen. Jeweils ein Viertel des Schalenabriebs und des Fruchtfleisches für die Dekoration beiseitestellen.
5. Den Frischkäse in einer Schüssel cremig rühren. Puderzucker hineinsieben und unterrühren. Den Limettensaft, den restlichen Schalenabrieb sowie das restliche Passionsfruchtfleisch hinzugeben und alles zu einer glatten Masse mixen.
6. In einer separaten Schüssel die Crème double leicht aufschlagen. Anschließend die Crème unter die Frischkäsemasse heben.
7. Die fertige Käsecreme auf den Kuchenboden in die Springform füllen und mit einem Tortenspachtel glatt streichen. Mindestens 1 Stunde im Kühlschrank kalt stellen.
8. Vor dem Servieren den Kuchen aus der Form lösen, auf eine Servierplatte setzen und mit dem Limettenabrieb und Passionsfruchtfleisch garnieren.

Sahnige Schoko-Nuss-Torte

Zutaten

für eine Torte
(zwei Ø 20 cm-Springformen)

Für den Teig

3 Eier (Größe M)

¼ TL Vanilleextrakt
(siehe Seite 13)

80 g Zucker,
plus etwas mehr für die Form

80 g Mehl (Type 405),
plus etwas mehr für die Form

Butter zum Einfetten der Form

Für die Buttercreme

100 g Milchschokolade

80 g Sahne

150 g zimmerwarme Butter

40 g Puderzucker

2 EL Walnusskerne

Zur Dekoration (optional)

9 halbe Walnusskerne

2–3 EL gehackte Pistazienkerne

So geht's

1. Für den Teig die Eier mit Vanilleextrakt und Zucker schaumig schlagen.
2. Das Mehl in zwei Portionen einsieben und schnell unterrühren.
3. Zwei Backformen einfetten und mit einer Mischung aus 1 TL Zucker und 1 TL Mehl bestäuben. Den Teig auf die beiden Formen aufteilen und die Formen leicht schütteln, damit sich die Masse gleichmäßig verteilt.
4. Den Backofen auf 190 °C Ober-/Unterhitze (170 °C Umluft) vorheizen. Im heißen Ofen (Mitte) 20 Minuten backen, bis die Oberfläche goldbraun ist und bei leichtem Druck zurückspringt. Kurz in den Formen abkühlen lassen, dann zum Abkühlen auf ein Gitter setzen.
5. Für die Buttercreme die Schokolade fein hacken. Die Sahne in einem Topf kurz aufkochen, dann vom Herd nehmen. Die Schokolade hinzufügen und mit einem Schneebesen einrühren, bis eine glatte Masse entsteht. Zum Abkühlen beiseitestellen.
6. Die Butter mit dem Puderzucker schaumig schlagen. Die Schokoladensahne dazugeben und alles erneut 2–3 Minuten aufschlagen. Anschließend die Walnüsse hacken.
7. Einen Biskuitboden auf eine Kuchenplatte setzen. Ein Drittel der Buttercreme mit den gehackten Walnüssen vermengen und die Mischung auf den Boden streichen. Den zweiten Boden daraufsetzen und mit dem Rest der Buttercreme bestreichen. Nach Belieben mit Walnusshälften und gehackten Pistazien verzieren.

Englische Madeleines

Zutaten

für 10–12 Madeleines

Für den Teig

100 g zimmerwarme Butter

100 g Zucker

2 Eier (Größe M)

100 g Mehl (Type 405), plus etwas mehr für die Form

½ TL Backpulver

Salz

Für die Dekoration

4–6 EL rote Konfitüre

4 EL Kokosraspel

6 Cocktailkirschen

Außerdem

10–12 Puddingförmchen (alternativ Madeleinebackform mit 12 Mulden)

So geht's

1. Für den Teig Butter und Zucker in einer Schüssel schaumig schlagen. Die Eier hinzugeben und untermixen. Mehl mit Backpulver und 1 Prise Salz mischen, sieben und löffelweise unterrühren. Der Teig soll weich und zähflüssig sein. Wenn nötig 1 EL Wasser zugeben.
2. Die Puddingformen einfetten und mit Mehl einstäuben. Den Teig gleichmäßig in die Formen geben.
3. Den Backofen auf 180 °C Ober-/Unterhitze (160 °C Umluft) vorheizen. Im heißen Ofen (unten) 15–20 Minuten backen, bis der Teig aufgegangen und die Oberfläche goldbraun ist.
4. Die Madeleines vorsichtig aus den Formen lösen und mit der Oberseite nach unten auf einem Gitter auskühlen lassen. Sind sie zu kugelförmig aufgegangen, die Standseite gerade schneiden.
5. Die abgekühlten Madeleines mit Konfitüre bestreichen und in Kokosraspeln rollen. Auf eine Servierplatte setzen und mit je einer halben Cocktailkirsche dekorieren.

ROSS' TIPP
Es sieht auch toll aus, wenn du deine Madeleines in einem Super Streusel Mix statt der Kokosraspeln rollst.

Margarita Cupcakes

Zutaten

für 12 Cupcakes

Für den Teig

130 g zimmerwarme Butter
200 g Zucker
3 Eier (Größe M)
1 TL Vanilleextrakt (siehe Seite 13)
200 g Mehl (Type 405)
Salz
3 Bio-Limetten
120 ml Vollmilch
180 ml Tequila (optional)

Für Buttercreme

1 Bio-Limette
200 g zimmerwarme Butter
400 g Puderzucker
50 ml Tequila (alternativ Limettensaft)

Zur Dekoration

Limettenscheiben
abgeriebene Limettenschale
Super Streusel Mix (optional)

Außerdem

12 Cupcake-Papierförmchen
Muffinbackform

So geht's

1. Für den Teig Butter und Zucker in einer Schüssel schaumig schlagen. Die Eier und den Vanilleextrakt hinzufügen und untermixen. Das Mehl mit 1 Prise Salz vermengen und löffelweise unterrühren.
2. Die Limetten heiß waschen und die Schale abreiben. Limettenschale und Milch in den Teig rühren.
3. Den Backofen auf 180 °C Ober-/Unterhitze (160 °C Umluft) vorheizen. Cupcake-Papierformen in die Mulden einer Muffinform setzen und den Teig darin verteilen. Im heißen Ofen (Mitte) 20–22 Minuten backen.
4. Auf Wunsch sofort nach dem Herausnehmen je 1 EL Tequila über jeden Cupcake geben, dann auf einem Gitter abkühlen lassen.
5. Für die Buttercreme zunächst die Limette heiß waschen und die Schale abreiben. Die Butter in einer Schüssel schaumig schlagen. Den Puderzucker löffelweise unterrühren. Den Tequila langsam unter Rühren hinzufügen, die Limettenschale hinzugeben und einige Minuten schaumig schlagen.
6. Die Buttercreme mit einem Spritzbeutel auf die Cupcakes spritzen. Mit Limettenscheiben und -schalen sowie einigen Streuseln garnieren.

ROSS' TIPP

Wenn du keinen Alkohol verwenden möchtest, kannst du den Tequila durch Limettensaft ersetzen. Entsafte dafür die abgeriebenen Limetten.

Himbeer-Pfirsich-Kuchen

Zutaten

für einen Kuchen
(flache Backform 22 x 33 cm)

330 g zimmerwarme Butter

330 g Zucker, plus etwas mehr zum Bestreuen

5 Eier (Größe M)

1 TL Vanilleextrakt (siehe Seite 13)

350 g Mehl (Type 405)

1 TL Backpulver

2 Dosen Pfirsichscheiben (je 400 g)

250 g Himbeeren

So geht's

1. Butter und 330 g Zucker in einer Schüssel schaumig schlagen. Eier, Vanilleextrakt, Mehl und Backpulver hinzugeben und alles gründlich zu einem glatten Teig mixen.
2. Die Backform mit Backpapier auskleiden. Den Backofen auf 180 °C Ober-/Unterhitze (160 °C Umluft) vorheizen.
3. Die Pfirsiche aus den Dosen nehmen, den Sirup für später auffangen. Die Himbeeren verlesen und gegebenenfalls waschen und trocken tupfen. Die Pfirsichscheiben auf den Boden der Backform legen und die Lücken mit Himbeeren füllen. Das Obst mit 3–4 EL Zucker bestreuen.
4. Den Teig vorsichtig über dem Obst verteilen und glatt streichen. Im heißen Ofen (Mitte) 45–50 Minuten backen. Die Oberfläche mit dem Finger leicht eindrücken; wenn die Delle verschwindet, ist der Kuchen fertig.
5. In der Backform 30 Minuten auskühlen lassen. Eine Servierplatte auf die Backform setzen und den Kuchen vorsichtig stürzen, sodass die Obstseite nun oben liegt. Mit etwas Sirup aus den Dosen beträufeln und vor dem Servieren in kleine quadratische Stücke schneiden.

Erdbeer-Käsekuchen

Zutaten

für einen Käsekuchen
(Springform Ø 20 cm)

450 g Doppelrahmfrischkäse
2 Eier (Größe M)
2 EL Vanillezucker
1 TL Vanilleextrakt (siehe Seite 13)
230 g Shortbread (alternativ Butterkekse)
60 g Butter, plus etwas mehr zum Einfetten der Form

Für das Topping

240 g Schlagsahne
450 g frische Erdbeeren
1 EL Zucker

So geht's

1. Den Doppelrahmfrischkäse in einer Schüssel mit einer Gabel cremig zerdrücken. Die Eier leicht aufschlagen und hinzugeben. Den Zucker mit dem Vanilleextrakt mischen und hinzufügen. Mit dem Handrührgerät zu einer glatten Masse mixen.
2. Das Shortbread in einen Frischhaltebeutel geben und darin zerdrücken. Die Butter in einem kleinen Topf zerlassen. Vom Herd nehmen und die Kekskrümel mit einem Löffel gut unterrühren.
3. Den Backofen auf 180 °C Ober-/Unterhitze (160 °C Umluft) vorheizen. Die Backform einfetten. Die Kekskrümelmischung auf dem Boden der Form andrücken. Die Käsecreme daraufgeben und mit einem Messer glatt streichen. Dann im heißen Ofen (Mitte) 50–60 Minuten backen, bis die Oberseite fest ist.
4. Nach dem Backen in der Form auskühlen lassen. Anschließend aus der Form nehmen, auf eine Servierplatte setzen und im Kühlschrank mindestens 1 Stunde kalt stellen.
5. Für das Topping vor dem Servieren die Schlagsahne steif schlagen und auf der Kuchenoberfläche verteilen. Die Erdbeeren putzen, auf die Sahne setzen und den Kuchen mit dem Zucker bestreuen.

Choux au Craquelin
mit Beeren

Zutaten

für 20 Choux au Craquelin

Für das Craquelin

90 g Butter

100 g Ahornzucker (alternativ Rohrohrzucker)

100 g Mehl (Type 405)

Für den Brandteig

250 ml Milch

100 g Butter

Salz

1 EL Ahornsirup

150 g Mehl (Type 405)

4 Eier (Größe M)

Für die Füllung

200 g Crème double (siehe Seite 12)

50 g Mascarpone

4 EL Ahornsirup

200 g Beeren (z. B. Erdbeeren, Blaubeeren, Himbeeren, ...)

frische Pfefferminzblätter

Außerdem

Spritzbeutel mit glatter Tülle

So geht's

1. Für das Craquelin die Butter in kleine Würfel schneiden. Butterwürfel, Zucker und Mehl in eine Schüssel geben und zu einem festen Teig verrühren. Den Teig zwischen zwei Lagen Backpapier etwa 2 mm dick ausrollen und etwa 1 Stunde im Kühlschrank kalt stellen, bis er hart ist.
2. Für den Brandteig Milch, Butter, 1 Prise Salz und Ahornsirup in einen Topf geben. Kurz aufkochen, dann vom Herd nehmen. Das ganze Mehl auf einmal hinzugeben und mit einem Löffel einrühren. Bei mittlerer Temperatur unter ständigem Rühren 1–2 Minuten köcheln lassen, bis sich die weiche, glänzende Masse vom Topfrand löst.
3. Den Teig in eine Schüssel geben. Die Eier kurz mit dem Schneebesen aufschlagen, dann mit dem Handrührgerät auf niedriger Stufe nach und nach untermixen.
4. Ein Backblech mit Backpapier auslegen. Den Backofen auf 180 °C Ober-/Unterhitze (160 °C Umluft) vorheizen. Den Brandteig in einen Spritzbeutel mit großer, glatter Öffnung geben und 20 Häufchen mit ausreichendem Abstand auf das Blech spritzen.
5. Die erkaltete Craquelin-Teigplatte auf die Arbeitsfläche legen und mithilfe eines Backförmchens 20 runde Scheiben ausstechen. Diese Scheiben auf die Teighäufchen legen.
6. Die Windbeutel im heißen Ofen (Mitte) 15 Minuten backen. Dabei die Backofentür geschlossen halten!
7. In der Zwischenzeit für die Füllung in einer Schüssel Crème double, Mascarpone und Ahornsirup mit einem Handrührgerät 3–5 Minuten aufschlagen. Die Masse anschließend in einen Spritzbeutel geben.
8. Die gebackenen Choux au Craquelin auskühlen lassen, dann in der Mitte horizontal aufschneiden. Die Füllung auf die Unterteile spritzen, Beeren und zerrupfte Minzblätter hinzugeben und die Oberteile wieder daraufsetzen. Bis zum Servieren kühl stellen.

ROSS' TIPP

Diese luftig-leichten Choux au Craquelin schmecken mit Himbeeren, Heidelbeeren oder Erdbeeren.

Choux au Craquelin

Dieses französische Gebäck besteht aus einem Brandteig (Choux), der mit einer feinen, zuckrigen Mürbeteigkruste (Craquelin) überzogen ist und mit einer Creme gefüllt wird.

Beeren-
Parfaits

Zutaten

für 4 Parfaits

200 g Beeren, plus etwas mehr für die Dekoration

2 EL Puderzucker

1 reife Banane

300 g Naturjoghurt (2 % Fett)

Außerdem

4 Puddingförmchen

So geht's

1. Die Puddingformen mit Backpapier auslegen.
2. Die Beeren waschen, verlesen und mit dem Puderzucker in einem Topf bei niedriger Temperatur leicht köcheln lassen, bis sie Saft abgeben.
3. Die Hälfte der Beeren mit dem Stabmixer pürieren und durch ein Sieb drücken. Die Banane schälen und mit einer Gabel zerdrücken. Das Beerenpüree und die Banane in den Joghurt rühren. Die restlichen Beeren unterheben und die Mischung in die Puddingformen füllen.
4. Über Nacht in den Gefrierschrank stellen. Vor dem Servieren die Parfaits aus den Formen nehmen und bei Raumtemperatur leicht antauen lassen. Nach Belieben mit Beeren verzieren.

ROSS' TIPP

Das Parfait kann bis zu drei Monate im Gefrierschrank aufbewahrt werden. Aber wer würde dieser Köstlichkeit so lange widerstehen?

Sudanesischer

Baseema-Kuchen

Zutaten

für 8 Kuchenstücke
(1 Backblech)

Für den Teig

60 g Mehl (Type 405)

250 g Grieß

60 g Kokosraspel

1 TL Backpulver

2 Eier (Größe M)

130 g Joghurt

130 g Butter

5 Tropfen Vanilleextrakt (siehe Seite 13)

Für den Sirup

130 g Zucker

1 TL Zitronensaft

5 Tropfen Vanilleextrakt (siehe Seite 13)

Zur Dekoration (optional)

Konfitüre nach Wahl

3–4 EL Kokosraspel

So geht's

1. Für den Teig das Mehl in eine Schüssel sieben und anschließend mit Grieß, Kokosraspeln und Backpulver mischen.
2. In einer anderen Schüssel die Eier aufschlagen. Den Joghurt, die Butter und den Vanilleextrakt hinzugeben und mit dem Handrührgerät zu einer glatten Masse schlagen.
3. Die Mehl-Mischung hinzufügen und alles zu einem glatten Teig mixen.
4. Den Backofen auf 180 °C Ober-/Unterhitze (160 °C Umluft) vorheizen. Ein Backblech mit Backpapier auslegen. Den Teig gleichmäßig darauf verteilen und im heißen Ofen (Mitte) 30 Minuten backen.
5. Die Zutaten für den Sirup mit 130 ml Wasser in einen Topf geben und bei geringer Hitze unter stetigem Umrühren köcheln lassen, bis der Zucker aufgelöst und der Sirup eingedickt ist.
6. Sobald der Kuchen aus dem Ofen kommt, den Sirup darüber verteilen. Nachdem der Sirup eingezogen ist, die Oberfläche nach Belieben mit Konfitüre bestreichen und mit Kokosraspeln bestreuen. Vor dem Servieren abkühlen lassen.

Baseema

Baseema ist ein traditioneller Kuchen aus dem Sudan. Baseema bedeutet „lecker", und genau das ist dieser Kuchen auch.

Himmlische Eclairs

Zutaten

für 8 Eclairs

Für den Brandteig

60 g Butter

Salz

120 g Mehl (Type 405)

2 Eier (Größe M)

Für die Füllung

120 g Crème double (siehe Seite 12)

1 EL Puderzucker

Für den Schokoguss

60 g Zartbitterschokolade (mind. 70 % Kakaogehalt)

1 EL Butter

170 g Puderzucker

Außerdem

Spritzbeutel mit glatter Tülle

So geht's

1. Für den Brandteig 140 ml Wasser mit Butter und 1 Prise Salz erhitzen, bis die Butter geschmolzen ist. Zum Kochen bringen, dann vom Herd nehmen. Das gesamte Mehl auf einmal hinzugeben und mit einem Holzlöffel rühren, bis sich die Masse von den Topfseiten löst und zu einem Teig formt. Den Teig in eine Schüssel geben und leicht abkühlen lassen.
2. Die Eier verquirlen, nach und nach zum Teig geben und mit dem Handrührgerät unterrühren, bis der Teig glatt und zähflüssig ist.
3. Ein Backblech mit Backpapier auslegen. Den Backofen auf 200 °C Ober-/Unterhitze (180 °C Umluft) vorheizen. Den Teig in einen Spritzbeutel mit großer Tülle füllen und 8 ca. 7–8 cm lange Streifen mit ausreichend Abstand auf das Blech spritzen.
4. Die Eclairs im heißen Ofen (Mitte) 25–30 Minuten backen, bis sie gut aufgegangen und knusprig sind. Dabei die Backofentür geschlossen halten!
5. Anschließend die Eclairs aus dem Ofen nehmen und der Länge nach aufschneiden. Auf einem Gitterrost abkühlen lassen.
6. In der Zwischenzeit für die Füllung die Crème double mit dem Puderzucker steif schlagen. Bis zur Verwendung kalt stellen.
7. Für den Schokoguss die Schokolade hacken und mit Butter und 1 EL Wasser im Wasserbad schmelzen. Vom Herd nehmen, den Puderzucker nach und nach einsieben und unterrühren, bis die Glasur zähflüssig ist.
8. Die erkalteten Eclairs mit der Creme füllen und die Deckel mit Schokoguss überziehen. Bis zum Servieren kalt stellen.

Echte Eclairs

Auf dem Weg zur Schule kamen meine Schwester und ich immer an einem kleinen Laden vorbei. Dort gaben wir unser Taschengeld gerne für Süßigkeiten aus, am liebsten für Gebäck. Eine Zeit lang kauften wir auf dem Nachhauseweg abgepackte Eclairs, die wir natürlich sofort vernaschten.

Unsere Mutter fand die leeren Packungen in unseren Schulranzen und dachte sich ihren Teil. Eines Tages überraschte sie uns mit ihren selbst gebackenen Eclairs. Es war unbeschreiblich, wie lecker diese waren! Kein Vergleich zu dem gekauften Gebäck.

Seitdem schmeckten uns die unterwegs gekauften Eclairs nicht mehr und wir fragten unsere Mutter ständig, wann sie wieder ihre frischen Eclairs backen würde.

So lernten wir Kinder durch die Backkunst unserer Mutter eine wichtige Lektion: Selbst gemacht ist immer am besten!

Deep and DARK

An kühlen Tagen wird die Teatime ins Kaminzimmer verlegt. Während der Wind ums Haus rauscht, genießen wir die Wärme des Tees und die raffinierten Leckerbissen aus dunkler Schokolade, cremiger Sahne und herzhaften Nüssen.

Freunde und Freundinnen des kräftigen Geschmacks kommen hier voll auf ihre Kosten. Cookies mit Macadamia- oder Erdnussgeschmack, Brownies und Energiekugeln, Shortbread mit Heidelbeer-Karamell-Füllung oder eine Schoko-Dattel-Torte – alles verspricht üppigen Genuss.

Die veganen Rezepte in diesem Kapitel beweisen außerdem eindrucksvoll, dass Schlemmerei auch ohne tierische Inhaltsstoffe möglich ist.

Macadamia Cookies

Zutaten

für 15 Cookies

100 g Macadamianusskerne
250 g zimmerwarme Butter
250 g Rohrohrzucker
100 g Zucker
2 EL weiße Miso-Paste (optional)
2 Eier (Größe L)
400 g Mehl (Type 405)
1 TL Speisestärke
1 TL Natron
Salz
300 g weiße Schokolade

So geht's

1. Die Macadamianusskerne in einer Pfanne bei geringer Hitze leicht anbräunen. Abkühlen lassen, dann grob hacken.
2. Die Butter mit den beiden Zuckersorten schaumig schlagen. Die Miso-Paste und die Eier hinzugeben und gut mixen.
3. Das Mehl in eine Schüssel sieben. Speisestärke, Natron und ½ TL Salz hinzufügen und vermengen. Die Mehlmischung löffelweise zur Buttermischung geben und gut verrühren.
4. Die Schokolade grob hacken und zusammen mit den gehackten Macadamianüssen in den Teig rühren.
5. Den Teig abgedeckt 30 Minuten kalt stellen. Danach aus dem Teig 15 Kugeln formen, die noch einmal mindestens 30 Minuten im Gefrierschrank kalt stehen sollten.
6. Den Backofen auf 180 °C Ober-/Unterhitze (160 °C Umluft) vorheizen. Drei Backbleche mit Backpapier belegen. Die Kugeln mit viel Abstand auf die Bleche verteilen und leicht flach drücken.
7. Im heißen Ofen (Mitte) etwa 15 Minuten backen. Die Cookies sollen an der Oberfläche goldbraun und in der Mitte noch weich sein. Auf einem Gitter abkühlen lassen, bis sie fest sind.

Miso-Paste

Miso-Paste ist ein wichtiges Würzmittel der japanischen Küche. Sie wird aus Sojabohnen und anderem Getreide hergestellt. Miso gibt es in unterschiedlichen Geschmacksvarianten. Zum Backen eignet sich Shiro-Miso, die weiße Miso-Paste, die süßlich-mild schmeckt.

Vegane Triple Chocolate Minis

Zutaten

für 12 Chocolate Minis
(Mini-Kuchenform Ø 6 cm)

Für den Biskuit

200 g Mehl (Type 405)
30 g Backkakao
1 TL Backpulver
½ TL Natron
50 g vegane weiße Schokolade
100 g vegane Zartbitterschokolade (mind. 70 % Kakaogehalt)
3 reife Bananen
60 ml Olivenöl
150 g Rohrohrzucker
200 ml Mandeldrink
1 TL Vanillepaste

Für die Schokoladencreme

100 g vegane Zartbitterschokolade
400 g Puderzucker
130 g vegane Nusscreme
1 TL Vanillepaste

Für die Schoko-Ganache

150 g vegane dunkle Schokolade
200 ml Mandeldrink

Zur Dekoration (optional)

12 Himbeeren
Super Streusel Mix

So geht's

1. Für den Biskuit das Mehl mit Kakao, Backpulver und Natron verrühren. Die weiße und dunkle Schokolade fein raspeln.
2. Die Bananen schälen und in Stücke schneiden. Die Bananenstücke mit Olivenöl, Zucker, Mandeldrink und Vanille mit dem Handrührgerät auf mittlerer Stufe 1 Minute gut mixen.
3. Die Mehlmischung und die Schokoraspel mit einem Löffel unter das Bananenmus rühren. Nicht aufschlagen!
4. Den Backofen auf 180 °C Ober-/Unterhitze (160 °C Umluft) vorheizen. Dann die Kuchenförmchen sorgfältig einfetten und die Masse gleichmäßig darauf aufteilen.
5. Den Biskuit im heißen Ofen (Mitte) 25–30 Minuten backen, bis die Oberseite aufbricht. Danach in den Förmchen auskühlen lassen.
6. In der Zwischenzeit für die Schokoladencreme die Schokolade hacken und über einem Wasserbad schmelzen, dabei gelegentlich umrühren. Anschließend 10 Minuten abkühlen lassen.
7. Währenddessen Puderzucker, Nusscreme und Vanille mit dem Handrührgerät auf mittlerer Stufe 3–5 Minuten cremig schlagen. Die geschmolzene Schokolade unterheben und die Mischung in einen Spritzbeutel füllen.
8. Für die Ganache die Schokolade hacken und mit dem Mandeldrink im Wasserbad auflösen, dabei gelegentlich umrühren. Anschließend 10 Minuten abkühlen lassen.
9. Die Biskuits aus den Förmchen lösen und horizontal halbieren. Die unteren Teile mit Schokocreme überziehen, dann die Oberteile daraufsetzen. 1 gehäuften TL Ganache auf die Oberseite streichen. Nach Belieben mit Himbeeren und Streuseln verzieren.

Brownie-Häppchen

Zutaten

für 12 Häppchen
(Backform 30 x 20 cm)

120 g Butter
40 g Backkakao
Salz
200 g Zucker
2 Eier (Größe L)
50 g Mehl (Type 405)
50 g Walnusskerne
1 TL Vanilleextrakt (siehe Seite 13)

So geht's

1. Die Butter im Topf langsam zerlassen. Vom Herd nehmen und den Kakao hineinsieben. 1 Prise Salz und den Zucker hinzufügen und alles verrühren. Die Eier hinzugeben und alles mit dem Schneebesen zu einer glatten Masse mixen.
2. Das Mehl einsieben und unterheben. Die Walnüsse hacken und zusammen mit der Vanille hinzugeben und unterrühren.
3. Den Backofen auf 180 °C Ober-/Unterhitze (160 °C Umluft) vorheizen. Die Backform mit Backpapier auskleiden. Den Teig hineingeben, glatt streichen und im heißen Ofen (Mitte) 18 Minuten backen.
4. Den noch warmen Kuchen auf eine Servierplatte setzten und in Quadrate schneiden. Warm oder kalt servieren.

Apfel-Energiekugeln

Zutaten

für 10–12 Kugeln

60 g Pecannusskerne
60 g Haferflocken
3 EL Kokosraspel
6 getrocknete Feigen
½ Apfel
1 EL Dattelsirup (optional)
1 TL gemahlener Zimt

Außerdem

2 EL Kokosraspel

So geht's

1. Die Pecannusskerne und die Haferflocken im Standmixer zu einem Mehl zerkleinern.
2. Die anderen Zutaten hinzufügen und zu einer klebrigen Masse mixen.
3. Die Masse zu 10–12 kleinen Kugeln formen.
4. Die Kugeln in Kokosraspeln wälzen und im Kühlschrank 30 Minuten fest werden lassen.

ROSS' TIPP

Die Kugeln halten sich in einem luftdichten Behälter bis zu zwei Wochen.

Heidelbeer-Karamell-Shortbread

Zutaten

für 12 Shortbreads
(Backform 20 x 30 cm)

Für den Teig

200 g Butter

230 g Mehl (Type 405)

110 g Zucker

Für das Karamell

50 g Butter

1 Dose Kondensmilch (300 g)

30 g Rohrohrzucker

150 g Heidelbeeren

Für das Topping

200 g Zartbitterschokolade (mind. 70 % Kakaogehalt)

Heidelbeeren

So geht's

1. Für den Teig die Butter würfeln und zusammen mit dem Mehl im Standmixer zu einer krümeligen Masse mixen. Den Zucker hinzugeben und zu einem mürben Teig verarbeiten.
2. Den Backofen auf 180 °C Ober-/Unterhitze (160 °C Umluft) vorheizen. Die Backform mit Backpapier auslegen. Den Teig hineinfüllen und glatt streichen. Mit einer Gabel mehrfach einstechen. Im heißen Ofen (Mitte) in 30 Minuten goldbraun backen. In der Form abkühlen lassen.
3. Für das Karamell die Butter, die Kondensmilch und den Zucker in einem Topf leicht erhitzen, bis sich Butter und Zucker aufgelöst haben. Zum Köcheln bringen und bei mittlerer Temperatur eindicken lassen. Dabei gelegentlich umrühren.
4. Leicht abkühlen lassen, dann die Heidelbeeren unterrühren und das Karamell über den Keksboden verteilen. Kurz kalt stellen.
5. Für das Topping die Schokolade hacken, dann im Wasserbad schmelzen. Gleichmäßig über den Kuchen gießen und glatt streichen. Anschließend kalt stellen. Vor dem Servieren mit einigen Heidelbeeren dekorieren.

Fluffige
Schoko-Dattel-Torte

Zutaten

für eine Torte
(Springform Ø 20 cm)

Für das Topping

200 g Frischkäse
200 g Mascarpone
2–3 EL Puderzucker

Für den Teig

4 Eiweiß
120 g Zucker
1 TL Vanilleextrakt (siehe Seite 13)
200 g Zartbitterschokolade (mind 70 % Kakaogehalt)
180 g Datteln (entsteint)
180 g Walnusskerne
Butter zum Einfetten der Form

Zum Dekorieren

30 g Zartbitterschokolade (mind 70 % Kakaogehalt)

So geht's

1. Für das Topping Frischkäse, Mascarpone und Puderzucker mit dem Handrührgerät aufschlagen, anschließend kalt stellen.
2. Für den Teig das Eiweiß in einer Schüssel steif schlagen. 2 EL Zucker hinzugeben und weiterschlagen, bis die Masse dick und glänzend ist. Dann den restlichen Zucker und die Vanille unterrühren.
3. Die Schokolade, die Datteln und die Walnusskerne fein hacken, anschließend vorsichtig unter die Eischneemasse heben.
4. Den Backofen auf 180 °C Ober-/Unterhitze (160 °C Umluft) vorheizen. Die Backform einfetten und den Boden mit Backpapier belegen. Die Masse in die Backform füllen, glatt streichen und im heißen Ofen (Mitte) etwa 45 Minuten backen.
5. 10 Minuten in der Form abkühlen lassen, dann auf ein Gitter stürzen. Das Backpapier abziehen und den Kuchen vollständig auskühlen lassen.
6. Das Topping gleichmäßig auf der Torte verteilen.
7. Die Schokolade hacken und über einem Wasserbad schmelzen, anschließend dekorativ über dem Topping verteilen. Die Torte noch bis zum Servieren kalt stellen.

Erdnusscreme-Cookies

Zutaten

für 12 Cookies

60 g zimmerwarme Butter
80 g Erdnusscreme
80 g Rohrohrzucker
1 Ei (Größe M)
120 g Mehl (Type 405)
½ TL Mixed Spice (siehe Seite 13)
1 kleine Bio-Orange

So geht's

1. Butter, Erdnusscreme und Zucker mit dem Handrührgerät schaumig schlagen. Das Ei unterrühren. Anschließend Mehl und Gewürze mischen und löffelweise unterrühren.
2. Die Orange heiß waschen und die Schale in den Teig reiben. Alles zu einem glatten Teig mixen.
3. Den Backofen auf 190 °C Ober-/Unterhitze (170 °C Umluft) vorheizen. Ein Backblech mit Backpapier belegen und den Teig mit einem Löffel in 12 Klecksen mit ausreichend Abstand daraufsetzen.
4. Die Kekse im heißen Ofen (Mitte) 12–15 Minuten backen, bis sie goldbraun und fest sind.

Pflaumen-Pfannenkuchen

Zutaten

für einen Pfannenkuchen
(feuerfeste Pfanne)

Für den Teig

100 g zimmerwarme Butter, plus etwas mehr zum Einfetten der Form

120 g Zucker

1 Pck. Vanillezucker

2 Eier (Größe M)

100 g Mehl (Type 405)

50 g gemahlene Mandeln

1 TL Backpulver

Salz

80 g Buttermilch

Für den Belag

6 große Pflaumen

1 EL Butter

50 g Mandelblättchen

1 EL Zucker

So geht's

1. Für den Teig die Butter mit dem Zucker und dem Vanillezucker mit dem Handrührgerät auf mittlerer Stufe schaumig schlagen. Die Eier einzeln hinzugeben und gut untermengen.
2. Mehl, Mandeln, Backpulver und 1 Prise Salz hinzufügen und gut verrühren. Zum Schluss die Buttermilch unterrühren.
3. Eine feuerfeste Pfanne mit etwas Butter einfetten. Dann den Teig hineingeben und gleichmäßig verstreichen.
4. Für den Belag die Pflaumen waschen, entkernen und in Streifen schneiden. Die Teigoberfläche eng mit den Pflaumen belegen. Die Butter in kleinen Stücken darauf verteilen. Anschließend alles mit gehobelten Mandeln und etwas Zucker bestreuen.
5. Den Backofen auf 180 °C Ober-/Unterhitze (160 °C Umluft) vorheizen. Im heißen Ofen (Mitte) 40 Minuten backen, bis der Teig aufgegangen ist und die Pflaumen leicht karamellisiert sind.
6. Vor dem Servieren noch einige Minuten abkühlen lassen. Der Pfannenkuchen wird noch warm serviert und mit einem Löffel portionsweise aus der Pfanne gehoben.

ROSS' TIPP

Vorsicht! Die Pfanne darf keinen Plastik- oder Holzgriff haben! Am besten eignen sich gusseiserne Pfannen oder eine Backform. Der Pfannenkuchen schmeckt am besten mit Vanilleeis oder Schlagsahne.

Veganer Sticky-Toffee-Pudding

Zutaten

für neun Puddings
(quadratische Kuchenform 20 cm)

Für den Pudding

200 g Datteln (entsteint)
300 ml Kokosmilch
1 TL Natron
110 g vegane Margarine
50 g Ahornsirup
1 TL Vanilleextrakt (siehe Seite 13)
220 g Mehl (Type 405)
½ TL Backpulver
1 TL Mixed Spices (siehe Seite 13)

Für die Sauce

80 g vegane Margarine
6 EL Ahornsirup
100 g Kirschen
100 g vegane Sahnealternative

Außerdem (optional)

Kirschen zum Verzieren

So geht's

1. Für den Pudding die Datteln grob hacken. Mit der Kokosmilch in einen Topf geben und bei geringer Hitze 5–10 Minuten unter gelegentlichem Umrühren köcheln lassen, bis eine glatte Creme entsteht. Vom Herd nehmen, dann das Natron einrühren. Nicht erschrecken: Es sprudelt anfangs.
2. Margarine, Ahornsirup und Vanille zusammen schaumig schlagen. Die Dattelmischung einrühren. Zum Schluss das Mehl, das Backpulver und die Gewürze unterheben.
3. Den Backofen auf 180 °C Ober-/Unterhitze (160 °C Umluft) vorheizen. Die Kuchenform mit Backpapier auslegen. Den Teig hineingeben und an der Oberfläche glatt streichen. Im heißen Ofen (Mitte) 25 Minuten backen, bis die Oberfläche bei Druck zurückspringt. Leicht abkühlen lassen.
4. Währenddessen für die Sauce die Margarine in einem Topf schmelzen, den Ahornsirup hinzufügen und einige Minuten unter stetem Rühren schäumend aufkochen. Die Kirschen verlesen, gegebenenfalls waschen, trocken tupfen, dazugeben und weitere 5 Minuten kochen. Vom Herd nehmen und den Sahneersatz unterrühren.
5. Den Pudding in Quadrate schneiden. Auf Dessertteller setzen, mit der Sauce übergießen, mit Kirschen dekorieren und warm servieren.

RRE FLEURI

Es schmeckt auch vegan

Regelmäßig trifft sich meine Mutter mit einer Gruppe guter Freund*innen zu gemütlichen Abenden und gemeinsamen Mahlzeiten. Als ihre Freundin Margaret begann, sich vegan zu ernähren, wurde das Kochen zu einer Herausforderung, die meine Mutter gerne annahm.

Sie beschloss, Margarets Lieblingsdessert, einen Sticky-Toffee-Pudding, vegan zuzubereiten. Dieses Dessert ist normalerweise reich an Butter und Sahne. Aber sie war entschlossen, eine vegane und dennoch köstliche Version davon zu kreieren.

Meine Mutter holte sich Anregungen, welche Zutaten sich wie ersetzen ließen, experimentierte mit verschiedenen Alternativen und fand schließlich einen Weg, die perfekte Konsistenz und den gewünschten Geschmack auf vegane Art zu erreichen.

Alle Freunde und Freundinnen waren begeistert von dem Resultat. Margaret war besonders gerührt, dass ihre Freundin so viel Mühe und Kreativität aufgewendet hatte, ihr einen veganen Sticky-Toffee-Pudding zu servieren.

Alternative Ernährung wurde zu einem wichtigen Thema in der Gruppe. Die Freunde und Freundinnen beschlossen, sich stets gegenseitig zu unterstützen und zu respektieren, unabhängig von ihren individuellen Bedürfnissen und Ernährungsstilen.

Diese köstliche Erfahrung ermutigte sie auch, neue vegane und glutenfreie Rezepte auszuprobieren. Es war für sie selbstverständlich, dass Essen ein verbindendes Element ist und dass Gastfreundschaft keine Grenzen kennt. Schließlich ist es viel schöner, Rücksicht aufeinander zu nehmen und Freude zu teilen, als jemanden auszuschließen.

Grand DESIGNS

Zur Einweihung des neuen Traumhauses sollen die Gäste nicht nur über die kreativ gestalteten Räume und den liebevoll angelegten Garten staunen. Auch das Kuchenbüffet spiegelt die großartige Kulisse wider, mit wundervoll gestalteten Torten, Desserts und Gebäck.

Die Leckereien auf den folgenden Seiten verwöhnen nicht nur den Gaumen, sondern auch das Auge. Die kunstvoll arrangierte Schokorolle, aufwendig hergestellte Pistazien-Eclairs, der beeindruckende Red Velvet Cake und die liebevoll dekorierten Highland Cattle Cupcakes werden euren Gästen manch einen bewundernden Blick abringen.

Beinahe zu schön zum Essen und doch unbeschreiblich lecker!

Rosen-
Florentiner

Zutaten

für ca. 20 Florentiner

Für die Nussmasse

3 Kardamomkapseln
50 g gesalzene Butter
50 g Rohrohrzucker
50 g heller Sirup (z. B. von Grafschafter)
50 g Mehl (Type 405)
50 g Pistazienkerne
50 g getrocknete Cranberrys
80 g Mandelblättchen

Für die Glasur

180 g weiße Schokolade
2 EL getrocknete Rosenblüten

So geht's

1. Für die Nussmasse die Kardamomkapseln öffnen und die Samen anschließend im Mörser zu feinem Puder zerstoßen.
2. Butter, Zucker und Sirup in einem Topf bei geringer Hitze schmelzen, dabei gelegentlich umrühren. Vom Herd nehmen, Mehl und geriebenen Kardamom zugeben und gut untermixen. Die Pistazien grob hacken. Zum Schluss Cranberrys, Mandeln und Pistazien unterheben.
3. Den Backofen auf 160 °C Ober-/Unterhitze (140 °C Umluft) vorheizen. Zwei Backbleche mit Backpapier belegen. Mit einem Esslöffel jeweils 10 kleine Häufchen mit viel Abstand zueinander auf ein Blech löffeln. Im heißen Ofen (Mitte) 10 Minuten backen. Anschließend auf einem Gitter vollständig auskühlen lassen.
4. Für die Glasur die Schokolade im Wasserbad schmelzen. Die Unterseite der Florentiner in die Schokolade tunken, mit zerkleinerten Rosenblättern bestreuen und auf einem Gitter erkalten lassen.

Schokorolle
mit beschwipsten Brombeeren

Zutaten

für eine Biskuitrolle (Backblech)

Für den Biskuit

200 g Zartbitterschokolade (mind 70 % Kakaogehalt)

5 Eier (Größe L)

180 g Zucker, plus etwas mehr zum Einrollen

50 g gemahlene Haselnusskerne

230 g Brombeeren

3 EL Schlehenlikör (alternativ Weinbrand)

Für die Füllung

400 g Crème double (siehe Seite 12)

2 EL Puderzucker

Zur Dekoration

Brombeeren

Schokoraspel

Außerdem

Biskuitrollenblech (alternativ Biskuitrollenmatte)

So geht's

1. Für den Biskuit zunächst die Schokolade grob hacken und dann über einem Wasserbad schmelzen lassen.
2. Die Eier trennen. Das Eiweiß mit dem Handrührgerät steif schlagen. Das Eigelb in einer separaten Schüssel mit dem Zucker zu einer zähflüssigen Masse aufschlagen.
3. Die geschmolzene Schokolade in die Eigelbmasse rühren, dann die Haselnüsse und 2 EL heißes Wasser hinzugeben und verrühren. Zum Schluss die Eiweißmasse vorsichtig unterheben.
4. Den Backofen auf 180 °C Ober-/Unterhitze (160 °C Umluft) vorheizen. Ein Biskuitrollenblech mit Backpapier belegen. Den Teig hineingeben und glatt streichen. Im heißen Ofen (Mitte) 15 Minuten backen, bis die Oberfläche leicht kross ist. Zum Abkühlen mit einem Geschirrtuch abdecken.
5. Die Brombeeren verlesen, gegebenenfalls waschen und trocken tupfen. Dann mit dem Likör in eine Schüssel geben und abdecken. Biskuitboden und Beeren 3–4 Stunden ruhen lassen.
6. Für die Füllung Crème double steif schlagen. Den Likör der eingelegten Beeren durch ein Sieb in die Crème double geben und zusammen mit dem Puderzucker unterheben. Die Beeren zur Seite stellen.
7. Ein sauberes Geschirrtuch mit heißem Wasser befeuchten, auswringen und so auf die Arbeitsfläche legen, dass die kurze Seite zu dir zeigt. Ein Stück Backpapier darauflegen und dieses mit etwas Zucker bestreuen. Die Biskuitplatte vorsichtig auf das gezuckerte Papier setzen. Gegebenenfalls das Backpapier vom Biskuitboden lösen.
8. Die Füllung gleichmäßig auf die Biskuitplatte streichen und die eingelegten Beeren darauf verteilen. Mithilfe des feuchten Geschirrtuchs nun die Rolle vom zu dir zeigenden kurzen Ende nach hinten aufrollen. Nicht erschrecken, wenn die Bodenplatte bricht – einfach weiterrollen und dabei leicht zusammendrücken. Die fertige Rolle einige Minuten in dem Geschirrtuch lassen, bis sich die Form gefestigt hat.
9. Die Rolle auf eine Platte setzen. Mit Beeren und Schokoraspeln garnieren.

ROSS' TIPP

Für Biskuitrollen gibt es praktische Matten aus Silikon. Die Matte wird im Ofen auf ein normales Backblech gelegt. Nach dem Backen kannst du den Biskuit damit zu einer Rolle formen. Eine gute Investition!

Pistazien-Eclairs

Zutaten

für 20 Eclairs

Für die Pistaziencreme

2 Eier (Größe M)
70 g Zucker
30 g Speisestärke
1 TL Vanilleextrakt (siehe Seite 13)
250 ml Vollmilch
50 g weiße Schokolade
80 g zimmerwarme Butter
½ Bio-Zitrone
80 g Pistazienmus
30 g gehackte Pistazienkerne

Für den Brandteig

80 g Butter
100 ml Vollmilch
1 TL Zucker
Salz
130 g Mehl (Type 405)
4 Eier (Größe M)
Puderzucker zum Bestäuben

Für das Topping

250 g Himbeeren
150 g Puderzucker
3 EL Holunderblütensirup
grüne Lebensmittelfarbe (optional)
20 g gehackte Pistazienkerne

So geht's

1. Für die Pistaziencreme Eier, Zucker, Speisestärke und Vanille in einer Schüssel mit dem Handrührgerät zu einer glatten Masse mixen.
2. Milch in einem Topf erhitzen. Kurz vor dem Aufkochen vom Herd nehmen und in die Masse rühren. Alles wieder in den Topf geben. Bei niedriger Hitze 3 Minuten köcheln lassen und zu einer dickflüssigen Creme rühren.
3. Die Creme durch ein Sieb in eine saubere Schüssel streichen. Die weiße Schokolade hineinraspeln und rühren, bis sie geschmolzen ist. Die Schüssel abgedeckt bei Raumtemperatur zum Abkühlen beiseitestellen.
4. In einer sauberen Schüssel die Butter schaumig schlagen. Nach und nach zur Creme hinzufügen und gut untermixen. Die Zitrone heiß waschen, die Schale fein abreiben und mit dem Pistazienmus und den Pistazien in die Creme rühren. Abdecken und 1 Stunde kalt stellen.
5. Für den Brandteig die Butter mit Milch, Zucker, 1 Prise Salz und 100 ml Wasser in einem Topf bei mittlerer Hitze zerlassen. Gut umrühren, dann kurz aufkochen. Vom Herd nehmen, Mehl hinzufügen und kräftig glatt rühren. Den Topf wieder auf den Herd stellen und bei geringer Hitze unter stetem Umrühren 1 Minute köcheln, bis der Teig glänzt und sich von den Topfseiten löst. In eine Schüssel geben und abkühlen lassen.
6. Die Eier leicht aufschlagen, dann nach und nach in den abgekühlten Teig geben und mit einem Holzlöffel unterrühren, bis der Teig glatt und zähflüssig ist. Den Backofen auf 190 °C Ober-/Unterhitze (170 °C Umluft) vorheizen. Ein Backblech mit Backpapier belegen.
7. Den Teig in einen Spritzbeutel mit einer mittelgroßen Sterntülle füllen. 20 Eclairs von jeweils 12 cm Länge auf das Blech spritzen. 10 Minuten ruhen lassen, dann mit Puderzucker bestreuen und im heißen Ofen (Mitte) 30 Minuten backen, bis sie goldbraun sind. Während des Backens die Ofentür nicht öffnen! Danach auf dem Blech abkühlen lassen.
8. Mit einem gezahnten Messer die Eclairs horizontal durchschneiden. Die Pistaziencreme in einen Spritzbeutel mit mittelgroßer Sterntülle füllen

und auf die unteren Eclairhälften spritzen. Jeweils 4 Himbeeren darauf verteilen und die oberen Eclairhälften wieder aufsetzen.

9. Für das Topping den Puderzucker mit Holunderblütensirup und einigen Tropfen grüner Lebensmittelfarbe zu einer dickflüssigen Glasur verrühren. In einen Spritzbeutel mit großer, glatter Tülle füllen und einen Streifen der Länge nach auf jedes Eclair spritzen. Sobald die Glasur antrocknet, mit gehackten Pistazien bestreuen. Die Glasur fest werden lassen.

Kokoskuchen
mit Himbeersauce

Zutaten

für einen Kuchen
(Backform 20 x 30 cm)

Für den Kuchen

200 g Kokosöl
3 EL Rapsöl
200 g Frischkäse
600 g Zucker
5 Eier (Größe M)
2 TL Vanilleextrakt
(siehe Seite 13)
Salz
380 g Mehl (Type 405)
180 g Kokosraspel

Für die Himbeersauce

500 g Himbeeren
3 EL Rohrohrzucker
1 Bio-Zitrone

So geht's

1. Für den Kuchen die Kokosbutter im Topf bei geringer Hitze zerlassen. Anschließend das Öl unterrühren und alles in eine hitzebeständige Schale füllen. Abkühlen lassen.
2. Frischkäse und Zucker in die abgekühlte Kokosbutter rühren und schaumig schlagen. Die Eier nach und nach zugeben und gut unterrühren. Vanilleextrakt und 1 Prise Salz hinzufügen. Zum Schluss das Mehl und die Kokosraspel unterheben.
3. Den Backofen auf 160 °C Ober-/Unterhitze (140 °C Umluft) vorheizen. Die Backform mit Backpapier auskleiden und die Masse hineingeben. Im heißen Ofen (Mitte) etwa 1 Stunde goldbraun backen. Auf einem Gitter vollständig auskühlen lassen.
4. In der Zwischenzeit für die Sauce die Hälfte der Himbeeren waschen, verlesen und mit dem Zucker mit dem Stabmixer pürieren. Masse durch ein Sieb streichen. Die Zitrone heiß waschen, die Schale fein abreiben und die Hälfte des Abriebs sowie die übrigen Himbeeren in die Sauce rühren.
5. Vor dem Servieren den Kuchen in Stücke schneiden und auf Dessertteller setzen. Mit der Himbeersauce übergießen und nach Belieben mit Kokosraspeln und der restlichen Zitronenschale bestreuen.

Erdbeer-Holunder Trifle

Zutaten

für einen Trifle (Trifle-Form)

Für den Custard

600 g Crème double (siehe Seite 12)

2 TL Vanilleextrakt (siehe Seite 13)

4 Eigelb

1 EL Speisestärke

50 ml Holunderblütensirup

2 EL Zucker

Für die Schichten

350 ml Ingwerwein

3 Blatt Gelatine

200 g Zitronenkuchen

400 g Erdbeeren

3 EL Zucker

1 EL Balsamico-Creme

Für das Topping

600 g Crème double (siehe Seite 12)

1 TL Vanilleextrakt

50 g Puderzucker

Zur Dekoration (optional)

2–3 Ingwerkekse

1 TL Zitronenthymianblätter

So geht's

1. Für den Custard die Crème double mit dem Vanilleextrakt in einem Topf zum Kochen bringen. Das Eigelb mit Speisestärke, Sirup und Zucker in einer Schüssel aufschlagen und in die heiße Vanillecreme einrühren. Bei mittlerer Hitze 5–6 Minuten kochen, bis die Creme dick und glänzend ist. Gut abkühlen lassen.
2. Für die Schichten den Wein mit der Gelatine in einem separaten Topf leicht erhitzen, bis sich die Gelatine verflüssigt. Durch ein Sieb in eine Schüssel streichen und abkühlen lassen.
3. Den Kuchen zerbröseln und in eine Trifle-Schale oder Glasschüssel geben. Den Weinsirup darübergießen und 1 Stunde kalt stellen.
4. Den Custard in die Trifle-Schale füllen und beide Schichten über Nacht in den Kühlschrank stellen.
5. Am nächsten Tag die Erdbeeren verlesen, waschen und halbieren. Zusammen mit Zucker und Balsamico in einer Schüssel verrühren und mindestens 1 Stunde kalt stellen.
6. Die Erdbeeren mit der Balsamico-Sauce in die Trifle-Schale geben.
7. Für das Topping die Crème double mit Vanillepaste und Puderzucker steif schlagen, dann auf das Trifle löffeln.
8. Mit zerkrümelten Keksen und Zitronenthymianblättern dekorieren.

Britische Küche

Trifle ist eine britische Süßspeise, die aus mehreren Schichten besteht. Sie wird traditionell in einer großen Glasschale mit Standfuß serviert.

Custard bezeichnet eine aus Sahne und Eiern hergestellte Creme, die häufig Bestandteil des Trifles ist.

ROSS' TIPP

Du kannst den Ingwerwein durch Ingwersirup ersetzen. Mische den Ingwersirup mit Wasser, wie auf der Sirupflasche angegeben ist. Verabeite ihn dann nach dem Rezept wie den Ingwerwein.

Eleganter Red Velvet Cake

Zutaten

für einen Cake
(drei Ø 17 cm-Springformen)

Für den Biskuit

280 g zimmerwarme Butter, plus etwas mehr zum Einfetten der Form

240 g Zucker

3 Eier (Größe M)

30 g Backkakao

2 TL Vanilleextrakt (siehe Seite 13)

2 TL rote Lebensmittelfarbe

270 g Buttermilch

Salz

340 g Mehl (Type 405)

1 TL Weißweinessig

1 TL Natron

Für die Füllung

400 g Frischkäse

250 g Crème double (siehe Seite 12)

200g Mascarpone

300 g Puderzucker

2 TL Vanilleextrakt (siehe Seite 13)

Salz

So geht's

1. Für die Biskuitböden Butter und Zucker mit dem Handrührgerät schaumig schlagen. Die Eier einzeln hinzugeben und gut unterrühren.
2. In einer Schale Backkakao, Vanille und Lebensmittelfarbe mit 6 EL heißem Wasser zu einer Paste verrühren. Zum Teig geben und gut unterrühren.
3. Buttermilch mit ½ TL Salz mischen. Ein Drittel davon in den Teig gießen und unterrühren, dann ein Drittel des Mehls einarbeiten. Auf diese Weise Milch und Mehl abwechselnd in den Teig mixen.
4. Essig mit Natron mischen, zum Teig geben und alles gut verrühren.
5. Den Backofen auf 200 °C Ober-/Unterhitze (180 °C Umluft) vorheizen. Die Backformen einfetten und die Böden mit Backpapier belegen. Die Teigmasse gleichmäßig auf die Formen verteilen und glatt streichen. Im heißen Ofen (Mitte) 20–25 Minuten backen. In den Formen 5 Minuten abkühlen lassen, dann zum vollständigen Auskühlen auf ein Gitter setzen.
6. Für die Füllung Frischkäse, Crème double und Mascarpone mit dem Handrührgerät aufschlagen. Puderzucker einsieben, Vanille und 1 Prise Salz zugeben und leicht steif schlagen. Die Masse auf zwei Schüsseln aufteilen und kalt stellen.
7. Die Biskuitböden jeweils waagerecht teilen, sodass du sechs Böden erhältst. Krümel für die Dekoration in einem Schälchen sammeln.
8. Die Creme bereit stellen. Einen Klecks Creme auf einen Teller geben, den ersten Biskuitboden daraufsetzen. Ein Fünftel der Creme aus Schüssel eins auf dem ersten Biskuitboden verteilen, einen weiteren Boden auflegen, mit einem Fünftel der Creme bestreichen usw. Auf diese Weise Biskuit und Creme schichten, bis du 5 Lagen Creme zwischen 6 Böden hast.
9. Die Hälfte der Creme der zweiten Schüssel auf die Seiten des Kuchens streichen. Wiederum die Hälfte der restlichen Creme auf dem Kuchen verteilen und glatt streichen. Die übrige Creme in einen Spritzbeutel mit mittelgroßer Sterntülle geben und 8 Rosetten entlang des Rands aufspritzen. Die Krümel fein zerbröseln. Einen Teil entlang der unteren Lagen rund um den Kuchen in die Creme drücken, den Rest über die Rosetten streuen.

Red Velvet Cake

Red Velvet Cake stammt aus dem Süden der USA. Dort war er zu Beginn des 20. Jh. sehr beliebt. Eine leicht rötliche Färbung wird durch chemische Prozesse der Zutaten erreicht. Durch Zugabe von Lebensmittelfarbe wird der Kuchenboden leuchtend rot. Diese Torte ist ein echter Hingucker und zergeht samtweich auf der Zunge.

Highland-Cattle-Cupcakes

Zutaten

für 12 Cupcakes

Für den Biskuit

200 g zimmerwarme Butter

200 g Zucker

3 Eier (Größe M)

200 g Mehl (Type 405)

1 TL Vanilleextrakt (siehe Seite 13)

½ TL Backpulver

3–4 EL Milch

Für Hörner und Nase

weißer und rosa Rollfondant

Für die Creme

100 g Milchschokolade

200 g zimmerwarme Butter

400 g Puderzucker

5 EL Backkakao

3 EL Milch

Außerdem

12 Cupcake-Papierförmchen

Muffinbackform

Spritzbeutel mit feiner Sterntülle

So geht's

1. Für den Biskuit die Butter und den Zucker in einer Schüssel mit dem Handrührgerät schaumig schlagen. 1 Ei hinzugeben, umrühren; 1 TL Mehl hinzugeben und weiterrühren. Die restlichen Eier nach und nach unterrühren. Das Vanilleextrakt untermixen.
2. Das restliche Mehl mit dem Backpulver mischen und sehr sanft mit einem Holzlöffel unter die Buttermasse heben. So viel Milch hinzugeben, dass ein zähflüssiger Teig entsteht.
3. Den Backofen auf 180 °C Ober-/Unterhitze (160 °C Umluft) vorheizen. Eine Muffinform 12 Cupcake-Papierförmchen auskleiden. Den Teig gleichmäßig auf die Förmchen verteilen.
4. Die Cupcakes im heißen Ofen (Mitte) 20 Minuten backen. Danach zum Auskühlen auf ein Gitter stellen.
5. Während des Backens kann die Dekoration vorbereitet werden. Aus rosa Fondant eine kleine Kugel formen, diese zu einem Oval abflachen und mit der Rückseite eines Holzspießes zwei Löcher hineindrücken. Auf diese Weise 12 Nasen formen. Dann aus weißem Fondant 24 Hörner formen. Die Nasen und Hörner 15 Minuten im Kühlschrank erkalten lassen.
6. Für die Creme die Schokolade zerkleinern und mit den anderen Zutaten mit dem Handrührgerät etwa 5 Minuten zu einer lockeren Masse mixen.
7. Die Creme in einen Spritzbeutel füllen und mit einer gezahnten Tülle in Längsstreifen über die erkalteten Cupcakes spritzen, sodass es wie das lange Fell der Highland-Rinder aussieht.
8. Die Fondant-Nasen und -Hörner auf die noch weiche Creme setzen. Im Kühlschrank kalt stellen, bis die Creme fester wird.

Highland Cattle

Das Schottische Hochlandrind ist eine der ältesten Rinderrassen. Sie stammt aus Schottland, wird aber heute weltweit gezüchtet. Highland Cattle sind genügsam und gutmütig, aber man muss sich vor den langen Hörnern in Acht nehmen.

Cookie-Eiscreme-Sandwich

Zutaten

für 8 Sandwiches
und 500 ml Eiscreme

Für die Eiscreme

1 Zitrone

120 g TK-Brombeeren

2 EL Puderzucker

½ EL flüssige Glukose (optional)

1 Dose Kondensmilch (200 g)

600 g Crème double (seite Seite 12)

1 TL Vanilleextrakt (siehe Seite 13)

Für die Cookies

200 g Erdnusscreme

50 g Zucker

120 g Rohrohrzucker

Salz

1 Ei (Größe M)

Zur Dekoration

Super Streusel Mix (optional)

So geht's

1. Für die Eiscreme die Zitrone auspressen. Die Beeren mit dem Zitronensaft, Puderzucker und evtl. Glukose im Standmixer pürieren. Das Püree durch ein Sieb in eine Schüssel streichen.
2. In einer zweiten Schüssel die Kondensmilch, die Crème double und den Vanilleextrakt mit dem Handrührgerät zu einer festen Masse aufschlagen. Anschließend in eine gefriergeeignete Plastikschale geben. Das Beerenpüree mit einem Spieß oder Löffelstiel unter die Creme ziehen, sodass farbige Schlieren entstehen. Über Nacht in den Gefrierschrank stellen.
3. Für die Cookies Erdnusscreme und beide Zuckersorten mit 1 Prise Salz schaumig schlagen. Das Ei zugeben und alles zu einem festen Teig mixen.
4. Den Backofen auf 180 °C Ober-/Unterhitze (160 °C Umluft) vorheizen. Zwei Backbleche mit Backpapier belegen. Aus dem Teig 16 walnussgroße Kugeln formen, mit viel Abstand auf die Bleche setzen und flach drücken.
5. Die Cookies im heißen Ofen (Mitte) 10–12 Minuten goldbraun backen. Danach auf dem Blech auskühlen lassen.
6. Vor dem Servieren 1 Kugel Eiscreme zwischen 2 Cookies geben und leicht zusammendrücken. Nach Belieben kannst du deine Sandwiches noch an einer Seite in einen Super Streusel Mix tauchen.

ROSS' TIPP

Es bleibt ca. 500 ml Eiscreme übrig. Sie hält sich im Gefrierschrank bis zu drei Monate. So kannst du schnell neue Cookie-Eiscreme-Sandwiches machen.

Victoria Sandwich

Zutaten

für ein Sandwich
(zwei Ø 18 cm-Springformen)

Für den Biskuit

180 g zimmerwarme Butter, plus etwas mehr zum Einfetten der Form

180 g Zucker

3 Eier (Größe M)

180 g Mehl (Type 405)

½ TL Backpulver

Salz

Außerdem

rote Konfitüre nach Belieben

150 g Puderzucker

8 Walnusskernhälften (optional)

So geht's

1. Für den Biskuit Butter und Zucker schaumig schlagen. Dann die Eier einzeln hinzugeben und gut unterrühren.
2. Mehl, Backpulver und 1 Prise Salz vermengen, löffelweise der Buttermasse hinzufügen und gut einarbeiten. Etwa 2 EL warmes Wasser einrühren, damit der Teig zähflüssig wird.
3. Den Backofen auf 190 °C Ober-/Unterhitze (170 °C Umluft) vorheizen. Zwei Backformen einfetten und die Böden mit Backpapier belegen. Den Teig auf die beiden Formen verteilen.
4. Die Biskuitböden im heißen Ofen (Mitte) ca. 20 Minuten backen, bis die Oberfläche goldbraun ist und sich die Biskuits vom Seitenrand der Form lösen. Auf einem Gitter auskühlen lassen.
5. Einen Boden auf eine Kuchenplatte setzen. Dann die Oberseite eines Biskuitbodens mit roter Konfitüre bestreichen und anschließend den anderen Boden daraufsetzen.
6. Für die Glasur den Puderzucker mit 1–2 EL warmen Wasser mixen, bis ein glatter Guss entsteht. Die Glasur über den Kuchen geben und auf Wunsch mit Walnusskernhälften dekorieren. Anschließend kalt stellen, bis die Glasur fest geworden ist.

Feen und Kuchen

In einem kleinen englischen Dorf, umgeben von üppigem Grün, lebte in den 1940er-Jahren ein junges Mädchen namens Vivien. Sie war neugierig und fantasievoll und glaubte fest an die Existenz von Feen. Im Garten ihrer Großmutter suchte sie zwischen duftenden Blumen und tanzenden Schmetterlingen nach ihnen.

Doch nicht nur der Garten begeisterte Vivien, auch die gemütliche Küche der Großmutter war ein wundervoller Ort. Dort kochten und backten ihre Großmutter und ihre Mutter gemeinsam die herrlichsten Leckereien. Vivien band ihre kleine Schürze um und war bereit zu helfen. Neugierig sah sie zu, wie die beiden Frauen geschickt die Zutaten abwogen, mischten und den Teig kneteten. Vor dem Ofen wartete sie, bis der Kuchen fertig war. Vivien liebte es, Kuchen und Kekse hübsch zu verzieren.

Dann hielt sie eine Teeparty im Schatten der prächtigen Weide im Garten ab. Wenn der Kuchen auf dem Tisch stand, funkelten Viviens Augen vor Stolz. Der Duft von Tee und Gebäck mischte sich mit dem Duft der Blumen und schuf eine bezaubernde Atmosphäre. Vivien genoss jeden Bissen der köstlichen Kreationen.

In diesen kostbaren Momenten fühlte Vivien eine tiefe Verbundenheit zu ihrer Großmutter und ihrer Mutter. Durch das Backen schufen sie Erinnerungen, die ein Leben lang halten sollten. Ihre Liebe war süß wie die Kuchen, die sie gemeinsam zubereiteten.

Im Laufe der Jahre schwand Viviens Glaube an Feen, aber die Erinnerungen an die magischen Momente im Garten blieben in ihrem Herzen verankert. Sie lehrten sie, die Zeit mit geliebten Menschen zu schätzen und die kleinen Freuden zu genießen. Sie gab ihre Geschichten an die eigenen Kinder und Enkel weiter, ebenso wie den Spaß am Backen.

Delightful DESSERTS

Wer Lust auf eine süße Köstlichkeit hat, muss nicht bis zum Nachmittagstee warten. Ein zuckriger Nachtisch rundet das Mittagessen erst richtig ab. Ob Kuchen oder Cremespeise – diese Desserts zergehen auf der Zunge.

Ich habe meine Lieblingsdesserts im folgenden Kapitel zusammengestellt. Fruchtige Cremes wie die Heidelbeer-Zitronen-Mousse, britische Spezialitäten wie die Mincemeat Tarte oder das Eton Mess, belebende Kaffeespezialitäten wie der Kaffee-Walnuss-Kuchen oder das Espresso-Tiramisu sowie kühle Erfrischungen wie das Erdbeer-Sorbet können sowohl als Nachtisch als auch zum Nachmittagstee genossen werden.

Heidelbeer-Zitronen-Mousse

Zutaten

für 4 Gläser

Für das Heidelbeer-Kompott

150 g Heidelbeeren

20 g Zucker

Für die Zitronen-Mousse

1 Bio-Zitrone

150 g Zitronenmarmelade

200 g Crème double
(diese Seite 12)

Außerdem

50 g Heidelbeeren

1 Zitronenscheibe

So geht's

1. Für das Kompott die Heidelbeeren mit Zucker und 1EL Wasser bei geringer Hitze in einem Topf zum Köcheln bringen, bis die Beeren ihren Saft abgeben und der Zucker aufgelöst ist. Auf vier Tassen oder Gläser aufteilen und kalt stellen.
2. Für die Mousse die Zitrone heiß waschen, die Schale abreiben und den Saft auspressen. Mit der Zitronenmarmelade vermischen und zu einer glatten Masse schlagen.
3. Die Crème double steif schlagen. Dann die Zitronenmasse hinzugeben und vorsichtig unterheben.
4. Die Mousse auf das Heidelbeer-Kompott geben und die Gläser leicht ankippen. Im Kühlschrank mindestens 45 Minuten kalt stellen.
5. Vor dem Servieren mit frischen Heidelbeeren und geviertelten Zitronenscheiben dekorieren.

Mincemeat Tarte

Zutaten

für eine Tarte
(Tarteform mit Hebeboden
Ø 23 cm)

Für den Teig

230 g Mehl (Type 405)

2 TL gemahlener Zimt

50 g gemahlene Walnusskerne

120 g Butter

4 EL Zucker

1 Ei (Größe M)

2 Tropfen Vanilleextrakt
(siehe Seite 13)

Für das Mincemeat

2 EL Butter, plus etwas mehr zum Einfetten der Form

2 Äpfel

230 g helle Weintrauben

120 g getrocknete Aprikosen

120 g getrocknete Feigen

230 g Rosinen

50 g gehackte Mandeln

2 EL Weinbrand
(optional)

¼ TL Mixed Spices
(siehe Seite 13)

120 g Rohrohrzucker, plus etwas mehr zum Bestreuen

1 Bio-Zitrone

So geht's

1. Für den Teig Mehl, Zimt und gemahlene Walnüsse in einer Schüssel verrühren. Die Butter hinzugeben und mit dem Handrührgerät zu feinen Krümeln mixen. Den Zucker unterrühren.
2. Das Ei mit Vanille und 1 EL kaltem Wasser mit einem Schneebesen in einem Becher aufschlagen. Nach und nach zum Teig hinzugeben und unterrühren. Mit den Händen zu einem geschmeidigen Teig kneten. Den Teig in Frischhaltefolie wickeln und 30 Minuten kalt stellen.
3. Für das Mincemeat die Butter in einem kleinen Topf bei kleiner Hitze zerlassen. Währenddessen die Äpfel schälen, entkernen und grob reiben. Die Weintrauben waschen, halbieren und entkernen. Aprikosen und Feigen klein schneiden. Das Obst in einer Schüssel mit Rosinen, Mandeln, Weinbrand, Gewürz, Zucker und der zerlassenen Butter vermengen. Die Zitrone heiß waschen, die Schale fein abreiben und den Saft auspressen. 2 EL Zitronensaft und den Schalenabrieb in das Mincemeat rühren.
4. Ein Drittel des Teigs für die Deckschicht beiseitestellen. Den restlichen Teig ausrollen und die eingefettete Tarteform damit bedecken. Die Teigplatte sollte gut in die Form gedrückt werden. Den am Rand überstehenden Teig abschneiden.
5. Die Tarte mit Mincemeat füllen.
6. Den restlichen Teig ausrollen und in 1 cm breite Streifen schneiden. Die Teigstreifen in einem Gittermuster über die Füllung legen. Die Streifenenden leicht anfeuchten und an den Rand des Tartebodens drücken. 30 Minuten kalt stellen.
7. Den Backofen auf 190 °C Ober-/Unterhitze (170 °C Umluft) vorheizen. Die Tarte mit etwas Wasser bestreichen und mit 1–2 EL Zucker bestreuen. Auf ein Backblech setzen und im heißen Ofen (Mitte) 30–40 Minuten backen. Auf einem Gitter 15 Minuten abkühlen lassen, dann aus der Form nehmen.
8. Die Tarte kann warm oder kalt serviert werden – nach Belieben auch gern mit frischer Schlagsahne.

ROSS' TIPP

Mincemeat kann bis zu zwei Wochen im Kühlschrank gelagert werden.

Pfirsich-Pistazien Friands

Zutaten

für 6 Friands

Für die Creme

½ Bio-Zitrone

80 g Ricotta

¼ TL Vanilleextrakt (siehe Seite 13)

1 EL Puderzucker

Für den Teig

130 g Puderzucker

40 g Mehl (Type 405)

30 g gemahlene Pistazienkerne

50 g gemahlene Mandeln

100 g Butter, plus etwas mehr zum Einfetten der Form

3 Eiweiß

Für die Dekoration

1 Pfirsich

20 g gehackte Pistazienkerne

Puderzucker nach Belieben

Außerdem

Muffinbackform mit 6 Mulden

So geht's

1. Für die Creme die Zitrone heiß waschen und die Schale fein abreiben. Den Schalenabrieb mit Ricotta, Vanille und Puderzucker zu einer glatten Paste mixen, dann kalt stellen.
2. Für den Teig Puderzucker, Mehl sowie die gemahlenen Pistazien und Mandeln in einer Schüssel mischen.
3. Die Butter im einen kleinen Topf bei niedriger Hitze zerlassen. In die Schüssel mit den trockenen Zutaten geben und verrühren.
4. Das Eiweiß in einer separaten Schüssel leicht steif schlagen, dann unter die Teigmasse heben.
5. Den Pfirsich entkernen und in sechs gleich große Spalten schneiden, jeweils ungefähr 5 mm dick.
6. Den Backofen auf 200 °C Ober-/Unterhitze (180 °C Umluft) vorheizen. Die Mulden eines Muffinblechs einfetten. Den Teig auf die Mulden verteilen. Auf jeden Teigboden 1 EL der Ricottapaste geben, darauf je 1 Pfirsichspalte legen und mit den gehackten Pistazien bestreuen.
7. Die Friands im heißen Ofen (Mitte) 20–23 Minuten backen. Danach in den Formen ca. 10 Minuten abkühlen lassen, dann zum vollständigen Erkalten auf ein Gitter setzen. Die abgekühlten Friands dann mit etwas Puderzucker bestreut servieren.

ROSS' TIPP

Friands stammen ursprünglich aus Frankreich. Das leckere Gebäck ist inzwischen weltweit beliebt. Traditionell wird es in ovalen oder rechteckigen Förmchen gebacken, aber du kannst auch eine Muffinform verwenden.

Kaffee-Walnuss-Kuchen

Zutaten

für einen Kuchen
(Kastenform 24 x 15 cm)

Für den Teig

230 g zimmerwarme Butter, plus etwas mehr zum Einfetten der Form

230 g Zucker

4 Eier (Größe M)

2 TL Instantkaffeepulver

230 g Mehl (Type 405)

½ TL Backpulver

100 g gehackte Walnusskerne

Für die Buttercreme

130 g zimmerwarme Butter

230 g Puderzucker

1 TL Instantkaffeepulver

Zur Dekoration

8–10 Walnusskernhälften

Super Streusel Mix (optional)

So geht's

1. Für den Teig Butter und Zucker mit dem Handrührgerät schaumig schlagen. Die Eier einzeln zugeben und untermixen.
2. Den Instantkaffee in 50 ml heißem Wasser auflösen, abkühlen lassen und anschließend unterrühren.
3. Mehl, Backpulver und Walnüsse mit einem Holzlöffel unterheben.
4. Den Backofen auf 190 °C Ober-/Unterhitze (170 °C Umluft) vorheizen. Die Backform einfetten und mit Backpapier auslegen. Den Teig einfüllen und im heißen Ofen (Mitte) 40 Minuten backen. Dann den Kuchen auf einem Gitter auskühlen lassen.
5. Währenddessen für die Buttercreme die Butter und den Puderzucker schaumig schlagen. Den Instantkaffee in 50 ml heißem Wasser auflösen, abkühlen lassen und unterrühren.
6. Wenn der Kuchen vollständig abgekühlt ist, die Buttercreme gleichmäßig mit einem Spatel darüber verteilen und mit Walnusshälften und Streuseln nach Belieben dekorieren.

Luftiger Zitronenbaiser-Pie

Zutaten

für einen Pie
(Tarteform mit Hebeboden
Ø 23 cm)

Für den Teig

200 g Mehl (Type 405), plus etwas mehr zum Arbeiten

Salz

150 g Butter, plus etwas mehr zum Einfetten der Form

2 EL Puderzucker

1 Ei (Größe M)

Für das Lemon Curd

6 Bio-Zitronen

60 g Speisestärke

150 ml Orangensaft

250 g Zucker

6 Eigelb

Für das Baiser

6 Eiweiß

½ TL Weinstein (alternativ Zitronensäure-Pulver)

300 g Zucker

Außerdem

Backpapier

Backbohnen zum Blindbacken (alternativ Hülsenfrüchte)

So geht's

1. Für den Teig Mehl und 1 Prise Salz in eine Schüssel sieben. Butter würfeln, hinzugeben und mit den Händen ins Mehl einarbeiten, bis feine Krümel entstehen. Puderzucker und Ei hinzugeben und alles gut verkneten.
2. Den Teig zu einer Kugel formen. Die Arbeitsfläche mit Mehl bestreuen und die Teigkugel etwa 3 mm dick ausrollen. Die Teigscheibe in die eingefettete Tarteform legen, gut in die Kanten und an den Rand drücken. Den überstehenden Rand abschneiden und 30 Minuten kalt stellen.
3. Den Backofen auf 200 °C Ober-/Unterhitze (180 °C Umluft) vorheizen. Den Tarteboden mit Backpapier bedecken, Backbohnen daraufgeben und im heißen Ofen (Mitte) 15 Minuten backen, bis der Rand knusprig wird. Backbohnen und Backpapier entfernen und weitere 5–10 Minuten backen. Danach abkühlen lassen.
4. In der Zwischenzeit das Lemon Curd vorbereiten: Die Zitronen heiß waschen, die Schale fein abreiben und den Saft auspressen. Zitronensaft und -abrieb mit Speisestärke zu einer weichen Masse verrühren.
5. Den Orangensaft mit 150 ml Wasser in einem Topf zum Kochen bringen. Die Temperatur reduzieren. Die Zitronenmasse hinzugeben und unter stetigem Rühren köcheln, bis die Masse zähflüssig ist. Vom Herd nehmen.
6. In einer Schüssel Zucker und Eigelb mixen. Die heiße Zitronenmasse hinzugeben und gut verrühren. Die Füllung wieder in den Topf geben und bei mittlerer Hitze zu einer dicken Creme rühren. Leicht abkühlen lassen, dann auf dem Tarteboden verteilen. Die Tarte kalt stellen.
7. Für das Baiser das Eiweiß und den Weinstein mit dem Handrührgerät leicht steif schlagen. Den Zucker löffelweise hinzugeben und gut mixen, bis die Masse steif und glänzend ist. Die Baisermasse auf die Zitronenfüllung löffeln, sodass sie eine zur Mitte hin ansteigende Haube formt. Mit der Löffelrückseite Wellenlinien in die Masse drücken.
8. Den Backofen auf 150 °C Ober-/Unterhitze (130 °C Umluft) vorheizen. Im heißen Ofen (Mitte) 15 Minuten backen, bis die Baiserhaube leicht golden und knusprig ist. Kurz abkühlen lassen, dann warm servieren.

ROSS' TIPP

Beim Steifschlagen von Eiweiß ist es wichtig, dass kein Eigelb oder Fett im Eiweiß, an der Schüssel oder dem Quirl ist – sonst wird es nicht steif.

Espresso-Martini-
Tiramisu

Zutaten

für 4 Dessertschälchen

2 EL Zucker
250 g Mascarpone
½ TL Vanilleextrakt (siehe Seite 13)
150 g Crème double (siehe Seite 12)
6 EL Espresso-Martini (alternativ Tiramisu-Likör)
80 ml starker Espresso
16 Löffelbiskuits
50 g Zartbitterschokoraspel

So geht's

1. Zucker, Mascarpone, Vanille und Crème double in einer Schüssel mit dem Handrührgerät cremig mixen.
2. In einer flachen Schale Martini und Espresso mischen. Die Löffelbiskuits hineinlegen und beiseite stellen, bis sie vollgesogen sind.
3. 8 eingeweichte Biskuits in 4 Dessertschälchen anrichten, gegebenenfalls zurechtschneiden oder teilen. Jeweils 1 EL Creme daraufgeben. Die restlichen Biskuits auflegen und mit der Hälfte der Schokoraspel bedecken. Den Rest der Creme darüberlöffeln, mit den restlichen Schokoraspeln bestreuen.
4. Im Kühlschrank 1–2 Stunden kalt stellen.

ROSS' TIPP

Dieses Rezept kann auch über Nacht im Kühlschrank bleiben und schön durchziehen – es lässt sich also perfekt für den nächsten Tag vorbereiten. Da kann man sich doch ganz dem Kochen widmen, wenn das Dessert schon im Kühlschrank auf seinen Einsatz wartet.

Prickelndes

Erdbeer-Sorbet

Zutaten

für 6 Portionen
(Kastenform 30 x 8,5 cm)

500 g Erdbeeren
120 g Zucker
1 Bio-Zitrone
200 g flüssige Glukose
350 ml Sekt

So geht's

1. 6 Erdbeeren für die Dekoration beiseitelegen. Die restlichen Erdbeeren waschen, putzen und mit dem Zucker im Standmixer pürieren.
2. Die Zitrone heiß waschen, die Schale fein abreiben und den Saft auspressen. Zitronensaft, Schalenabrieb, Glukose und Sekt zum Erdbeerpüree in den Mixer geben und gut mixen.
3. Die Masse in eine verschließbare Gefrierschüssel füllen und 3–4 Stunden einfrieren. Danach kurz aufschlagen, um die Eiskristalle zu brechen, dann erneut einige Stunden einfrieren.
4. Zum Servieren das Sorbet in 6 Dessertgläser füllen und mit den zurückbehaltenen Erdbeeren garnieren.

ROSS' TIPP

Wenn du das Sorbet am Abend vorbereitest, kann es über Nacht gut durchfrieren. Das Rezept funktioniert auch mit alkoholfreiem Sekt.

Panna cotta
mit Beeren

Zutaten

für 4 Dessertschälchen

2 Blatt Gelatine
100 ml Milch
260 g griechischer Joghurt
1 TL Vanilleextrakt (siehe Seite 13)
1 TL Honig
120 g Beeren

So geht's

1. Die Blattgelatine in einem flachen Schälchen in etwas Wasser einweichen.
2. Die Milch in einem Topf bis kurz vor dem Kochen erhitzen. Vom Herd nehmen, die eingeweichte Gelatine hinzufügen und gut unterrühren.
3. Joghurt, Vanille und Honig in einer Schüssel zu einer glatten Creme vermischen. Die Milch unterrühren. Auf 4 Gläser aufteilen und mindestens 3 Stunden im Kühlschrank kalt stellen.
4. Vor dem Servieren eine Schüssel mit warmem Wasser füllen. Die Panna-cotta-Gläser einige Sekunden mit dem Boden ins warme Wasser tauchen, dann auf einen kleinen Teller stürzen. Die Panna cotta mit Beeren garnieren und servieren.

ROSS' TIPP

Keine Angst vor dem Einsatz von Gelatine! Die Blattgelatine, die man heute im Supermarkt kaufen kann, löst sich bei Erhitzen wirklich prima auf und ist nicht schwer zu verarbeiten. Die Blätter vor dem Kochen einfach kurz ausdrücken, damit das Dessert nicht zu flüssig wird.

Brombeer-Mandel-Streuselkuchen

Zutaten

für einen Kuchen
(Backform 20 x 20 cm)

Für den Teig

200 g zimmerwarme Butter, plus etwas mehr zum Einfetten der Form

200 g Zucker

3 Eier (Größe M)

230 g Mehl (Type 405)

2 TL Backpulver

50 g gemahlene Mandeln

2 EL Milch

1 TL Vanilleextrakt (siehe Seite 13)

3 EL Brombeerkonfitüre

150 g Brombeeren

Für die Streusel

30 g Butter

30 g Zucker

50 g Mehl (Type 405)

Salz

2–3 EL Mandelblättchen

1 EL Zucker

So geht's

1. Für den Teig Butter und Zucker mit dem Handrührgerät schaumig schlagen. Die Eier einzeln hineingeben und unterrühren. Mehl mit Backpulver und Mandeln mischen und löffelweise unterrühren. Milch und Vanille hinzugeben. Alles zu einem glatten Teig mixen.
2. Die Backform einfetten und mit Backpapier auslegen. Die Teigmischung in die Form füllen und glatt streichen. Die Konfitüre über den Teig tröpfeln. Die Brombeeren verlesen, gegebenenfalls waschen und trocken tupfen, auf dem Teig verteilen und leicht hineindrücken.
3. Für die Streusel Butter, Zucker, Mehl und 1 Prise Salz in eine Schüssel geben und mit den Händen zu Krümeln verreiben. Anschließend die Mandelblättchen untermischen und die Streusel über dem Kuchen verteilen. Mit dem Zucker bestreuen.
4. Den Backofen auf 180 °C Ober-/Unterhitze (160 °C Umluft) vorheizen. Im heißen Ofen (Mitte) 45 Minuten backen. Danach 20 Minuten auskühlen lassen, in kleine Quadrate schneiden und servieren.

Eton Mess
mit Rhabarber

Zutaten

für 6 Dessertschälchen

Für das Baiser

4 Eiweiß

120 g Zucker

120 g Puderzucker

1 EL getrocknete Rosenblüten (optional)

Für den Rhabarber

600 g Rhabarber

5 EL Zucker

1 TL Rosenwasser (optional)

Für den Custard

1 Vanilleschote

6 Kardamomkapseln

300 g Crème double (siehe Seite 13)

300 ml Vollmilch

4 Eigelb

50 g Zucker

1 ½ EL Speisestärke

Für die Sahne

300 g Schlagsahne

1 EL Puderzucker

Für die Dekoration

Rosen- und Pfefferminzblätter

Mandelblättchen (alternativ gehackte Pistazienkerne)

So geht's

1. Für das Baiser das Eiweiß mit dem Handrührgerät auf mittlerer Stufe leicht steif schlagen. Den Zucker löffelweise hinzugeben und auf hoher Stufe untermixen, bis die Masse steif und glänzend ist. Den Puderzucker einsieben, auf Wunsch zerkleinerte Rosenblüten hinzufügen und löffelweise auf niedriger Stufe unterheben.
2. Den Backofen auf 110 °C Ober-/Unterhitze (90 °C Umluft) vorheizen. Zwei Backbleche mit Backpapier auslegen. Die Baisermasse in 6 runden Häufchen auf die Bleche löffeln. Im heißen Ofen (Mitte) 90–100 Minuten fest werden lassen. Wenn sie braun werden, die Ofentür öffnen.
3. In der Zwischenzeit den Rhabarber schälen und klein schneiden. In einem Topf 75 ml Wasser erhitzen, Zucker und Rhabarber hinzugeben und bei mittlerer Temperatur im zugedeckten Topf ca. 5 Minuten köcheln lassen, bis der Rhabarber weich ist. Vom Herd nehmen, nach Belieben etwas Rosenwasser hinzufügen und abkühlen lassen.
4. Für den Custard die Vanilleschote aufschneiden und das Mark mit einem kleinen Messer herauskratzen. Kardamomkapseln aufbrechen und die Samen mit dem Mörser grob zerstoßen.
5. Crème double und Milch in einen Topf füllen, die Gewürze einrühren und leicht erwärmen, aber nicht aufkochen! Vom Herd nehmen und einige Minuten ziehen lassen.
6. In einer Schüssel das Eigelb und den Zucker aufschlagen. Die Speisestärke unterrühren. Dann die Milch absieben, um die Kardamonstücke zu entfernen, und löffelweise zum Ei-Mix geben.
7. Die Masse wieder in den Topf füllen und auf mittlerer Hitze 5–10 Minuten unter stetem Rühren köcheln lassen, bis die Masse dickflüssig ist. Zum Abkühlen beiseitestellen.
8. Die Schlagsahne mit dem Puderzucker steif schlagen.
9. In 6 Gläsern anrichten: Zuerst eine Lage Custard ins Glas füllen, dann den Rhabarber, gefolgt von der Schlagsahne und den Baisers. Nach Belieben mit Rosen- und Minzblättern, Mandelblättchen oder Pistazien verzieren.

ERRE FLEURI

So entstand das Eton Mess

Das englische Dessert Eton Mess entstand an einem schönen Sommertag am Eton College, einer renommierten Privatschule im Herzen Englands.

An diesem Tag fand das jährliche Cricket-Match gegen eine andere Schule statt. Die Sonne strahlte vom blauen Himmel herab auf die Schüler und Schülerinnen, die auf dem Platz spielten.

Zur Feier des Tages kreierten die Schulköche eine atemberaubende Erdbeer-Pavlova. Nach Abschluss der Spiele wurde die Pavlova auf einem großen Tablett unter dem Jubel der Schüler und Schülerinnen zum Cricketplatz getragen. Plötzlich sprang ein frecher Labrador namens Rufus an dem Koch hoch. Der Koch stolperte, das Tablett glitt ihm aus den Händen und die Pavlova zerbrach. Aus der prachtvollen Pavlova wurde ein Durcheinander aus Erdbeeren, Sahne und knusprigen Bröseln.

Die Köche waren entsetzt und alle schauten bestürzt. Doch statt in Tränen auszubrechen, machten sie das Beste aus der Situation. Alle schnappten sich ein kleines Schüsselchen und füllten sie mit den verstreuten Resten. Lachend genossen die Schüler und Schülerinnen ihr improvisiertes Dessert.

Von diesem Tag an wurde das Eton Mess zu einer festen Tradition am Eton College. Jedes Jahr, wenn das Cricket-Match stattfand, wurde an diesen lustigen Vorfall erinnert.

So ist das Eton Mess nicht nur ein köstlicher Nachtisch, sondern auch ein Symbol für Kreativität, Flexibilität und die Fähigkeit, das Beste aus einer Situation zu machen.

The little THINGS in life

Der britische Schriftsteller Sir Arthur Conan Doyle sagte einst, „die kleinsten Dinge im Leben sind die Wichtigsten“. Ja, es sind die Kleinigkeiten, die das Leben so lebenswert machen.

Die Teatime an sich ist bereits eine kleine Auszeit vom Alltag. Aber was wäre eine Tasse Tee oder Kaffee ohne ein leckeres Häppchen?

Hier findet ihr meine liebsten Kleinigkeiten, die euch die Teatime versüßen. Pfirsich-Schoko-Kuchen, Himbeer-Rhabarber-Streusel oder Cherry Blondies bringen die Sommerfrische auf den Kuchenteller. Himmlisches Mini-Gebäck wie Limetten-Macarons, Mandelplätzchen, Brandy-Röllchen und Schokotrüffel sollten bei keiner Teatime fehlen.

Pfirsich-Schoko-Kuchen

Zutaten

für einen Kuchen
(tiefes Backblech 35 x 40 cm)

Für den Teig

2 Dosen Pfirsiche
(je 480 g Abtropfgewicht)

50 g zimmerwarme Butter

200 g Zucker

1 Pck. Vanillezucker

6 Eier (Größe M)

Salz

400 g Mehl (Type 405)

2 TL Backpulver

Für die Streusel

200 g Butter

350 g Mehl (Type 405)

150 g Zucker

1 Pck. Vanillezucker

1 Ei (Größe M)

150 g backfeste Schokotröpfchen

So geht's

1. Für den Teig zunächst die Pfirsiche in ein Sieb geben und gut abtropfen lassen. 4 Pfirsichhälften mit dem Stabmixer pürieren, die restlichen Pfirsiche klein würfeln.
2. Butter mit Zucker und Vanille schaumig rühren.
3. 3 Eier trennen. Die 3 Eigelb und 3 ganze Eier nach und nach unterrühren. Die 3 Eiweiß mit 1 Prise Salz steif schlagen und beiseitestellen.
4. Das Pfirsichpüree in den Teig rühren. Das Mehl mit dem Backpulver mischen und löffelweise einrühren. Zum Schluss den Eischnee und die Pfirsichwürfel unterheben.
5. Den Backofen auf 180 °C Ober-/Unterhitze (160 °C Umluft) vorheizen. Ein tiefes Backblech mit Backpapier auslegen. Den Teig darauf verteilen und glatt streichen. Im heißen Ofen (Mitte) 10 Minuten backen.
6. Für die Streusel die Butter in einem Topf bei kleiner Hitze zerlassen, dann abkühlen lassen.
7. Mehl, Zucker und Vanillezucker in einer Schüssel mischen. Das Ei und die zerlassene Butter hinzugeben und mit dem Handrührgerät mit Knethaken unterkneten. Dann mit den Händen weiterkneten und die Schokotropfen einarbeiten.
8. Die Streusel auf dem noch heißen Kuchen verteilen und weitere 20–25 Minuten backen. Anschließend abkühlen lassen und in Stücke schneiden.

Limetten-Macarons

Zutaten

für 30 Macarons

Für die Macaronpaste

3 Eiweiß

280 g gemahlene Mandeln

280 g Puderzucker

Für die Baisermasse

3 Eiweiß

240 g Zucker

grüne Lebensmittelfarbe (optional)

Für die Füllung

180 g zimmerwarme Butter

480 g Puderzucker

1 Bio-Limette

Außerdem

Backthermometer

Spritzbeutel mit Sterntülle

So geht's

1. Die Zutaten für die Macaronpaste in einer Schüssel mit dem Handrührgerät zu einer dicken Paste mixen.
2. Für das Baiser das Eiweiß und den Zucker in eine hitzefeste Form geben und auf ein Wasserbad setzen. Der Boden der Form darf nicht im Wasser sein! Mit einem Schneebesen stetig rühren, bis der Zucker aufgelöst ist und die Masse 65 °C erreicht (Backthermometer verwenden!). Vom Herd nehmen und mit einem Handrührgerät ca. 5 Minuten aufschlagen, bis die Masse steif und glänzend ist.
3. Die Baisermasse nach und nach unter die Macaronpaste heben. Nach Belieben einige Tropfen Lebensmittelfarbe zugeben.
4. Drei Backbleche mit Backpapier belegen. Die Baiser-Macaron-Masse in einen Spritzbeutel füllen und mit einer mittelgroßen Tülle 4–5 cm große Tupfen mit 2 cm Abstand auf die Bleche spritzen. Etwa 30 Minuten beiseitestellen, bis sich eine Haut bildet.
5. Den Backofen auf 150 °C Ober-/Unterhitze (130 °C Umluft) vorheizen. Die Macarons im heißen Ofen (Mitte) 15 Minuten backen. Anschließend vollständig abkühlen lassen.
6. Für die Füllung die Butter mit einem Handrührgerät schaumig schlagen. Den Puderzucker löffelweise untermixen. Die Limette heiß waschen, die Schale fein abreiben und den Saft auspressen. Den Schalenabrieb und 2 EL Saft in die Füllung geben und gut verrühren.
7. Die Füllung in einen Spritzbeutel geben und mittig auf die Unterseite eines abgekühlten Macaron-Baisers spritzen, sodass ein kleiner Rand frei bleibt. Ein weiteres Baiser daraufsetzen und leicht andrücken, bis die Füllung an den Rand kommt. Auf diese Weise alle Macarons zusammensetzen und servieren.

ROSS' TIPP

Du kannst dir die Arbeit erleichtern, wenn du die Kreise für die Macarons auf das Backpapier vorzeichnest. Zeichne Kreise mit 4–5 cm Durchmesser und 2 cm Abstand auf das Papier. Lege es umgedreht auf das Blech, damit die Linien durchschimmern. So werden die Hälften gleichmäßig groß.

Knusperzarte Mandelplätzchen

Zutaten

für 16 Plätzchen

1 Ei (Größe M)
120 g Zucker
½ TL Backpulver
50 g gemahlene Mandeln
120 g Grieß
¼ TL Mandelaroma
15 g gehackte Mandeln

Außerdem

1–2 EL Puderzucker zum Bestäuben

So geht's

1. Das Ei mit dem Zucker in einer Schüssel aufschlagen, bis die Mischung dickflüssig ist. Das Backpulver einsieben und unterrühren. Die gemahlenen Mandeln, den Grieß und das Mandelaroma hinzufügen und alles gut miteinander verrühren.
2. Den Backofen auf 200 °C Ober-/Unterhitze (180 °C Umluft) vorheizen. Ein Backblech mit Backpapier belegen.
3. Mit nassen Händen den Teig zu 16 walnussgroßen Kugeln formen. Die gehackten Mandeln auf einen Teller geben und die Kugeln mit einer Seite hineinstippen. Die Teigkugeln mit etwas Abstand zueinander auf dem Backblech verteilen, sodass die Seite mit den gehackten Mandeln nach oben zeigt, und leicht andrücken.
4. Die Plätzchen im heißen Ofen (Mitte) 8–10 Minuten backen, anschließend auskühlen lassen und mit Puderzucker bestäuben.

QUALITY
Biscuits
FRESH HOME MADE

Himbeer-Rhabarber-Streuselkuchen

Zutaten

für einen Kuchen
(Springform Ø 26 cm)

Für den Teig

300 g Rhabarber

300 g Himbeeren

½ Bio-Zitrone

200 g zimmerwarme Butter, plus etwas mehr zum Einfetten der Form

Salz

230 g Zucker

4 Eier (Größe M)

150 g griechischer Joghurt

200 g Mehl (Type 405)

2 TL Backpulver

Für die Streusel

80 g gehackte Macadamianusskerne

70 g Butter

40 g Zucker

100 g Mehl (Type 405)

Außerdem (optional)

50 g weiße Schokolade

So geht's

1. Für den Teig den Rhabarber schälen und in kleine Stücke schneiden. Anschließend mit den Himbeeren mischen.
2. Die Zitrone heiß waschen, von einer Hälfte die Schale fein abreiben und den Saft auspressen.
3. Für den Teig die Butter mit 1 Prise Salz und dem Zucker mit dem Handrührgerät schaumig schlagen. Zitronenschale und -saft hinzugeben und untermixen. Eier und Joghurt abwechselnd nach und nach unterrühren. Das Mehl mit dem Backpulver mischen, einsieben und unterheben.
4. Die Zutaten für die Streusel in einer Schüssel vermengen. Mit den Händen zu einem bröseligen Streuselteig kneten.
5. Den Backofen auf 200 °C Ober-/Unterhitze (180 °C Umluft) vorheizen. Eine Springform einfetten. Die Hälfte des Teigs in die Form füllen und glatt streichen. Die Hälfte der Rhabarber-Himbeer-Mischung darauf verteilen und mit dem Rest des Teigs bedecken. Die restliche Obstmischung darübergeben und die Streusel darauf verteilen.
6. Den Kuchen im heißen Ofen (Mitte) 20 Minuten backen, dann mit einem Stück Alufolie bedecken und weitere 20 Minuten backen. Anschließend gut auskühlen lassen.
7. Die Schokolade über einem Wasserbad schmelzen und den Kuchen damit in feinen Streifen dekorieren.

Brandy Snaps

Zutaten

für 15–20 Brandy Snaps

Für den Teig

½ Bio-Orange
50 g gesalzene Butter
50 g Zucker
50 g Honig
25 g Mehl (Type 405)
20 ml Weinbrand (optional)

Für die Füllung

200 g Schlagsahne
2–3 EL Puderzucker

Außerdem

Backthermometer
etwas Butter zum Einfetten

So geht's

1. Für den Teig die Orange heiß waschen und die Schale fein abreiben.
2. Orangenschale, Butter, Zucker, Honig und Mehl in einen Topf geben und unter gelegentlichem Umrühren leicht erhitzen, bis sich Butter und Zucker auflösen. Wenn die Masse 75 °C erreicht hat (Backthermometer verwenden!), vom Herd nehmen und nach Belieben noch einen Schuss Brandy unterrühren.
3. Drei Backbleche mit Backpapier belegen. Mit einem Teelöffel die Masse mit viel Abstand auf die Bleche löffeln. 1 TL ergibt einen Fladen. Es sollten maximal 5 Fladen auf ein Blech gesetzt werden, da sich der Teig beim Backen stark ausbreitet.
4. Den Backofen auf 170 °C Ober-/Unterhitze (150 °C Umluft) vorheizen. Das erste Blech im heißen Ofen (Mitte) 9 Minuten backen, bis die Ränder der Fladen fest werden. Danach das nächste Blech backen.
5. Den Stil eines Holzlöffels einfetten. Wenn ein Blech aus dem Ofen kommt, 1–2 Minuten abkühlen lassen. Dann eine Teigplatte mit einem Spachtel vom Blech lösen und um den Löffelstil wickeln. Einige Sekunden fest werden lassen, dann zum Abkühlen so auf ein Gitter setzen, dass das überlappende Ende unten ist. Dies mit allen Fladen durchführen. Sollten die Kekse bereits hart werden, kurz im Ofen erwärmen.
6. Für die Füllung die Schlagsahne zusammen mit dem Puderzucker steif schlagen und kalt stellen.
7. Kurz vor dem Servieren die Sahne in einen Spritzbeutel geben und in die einzelnen Röllchen spritzen.

Brandy Snaps

Brandy Snaps sind ein typisch britisches Gebäck. Eine dünne, knusprige Waffelrolle umhüllt die frische Schlagsahnefüllung. Wenngleich sich der Name von „branded“ (= gebrannt) ableitet und nichts mit dem Weinbrand zu tun hat, gibt ein Schuss Brandy dem Teig eine besondere Note.

Schokotrüffel mit Pistazien

Zutaten

für 20 Trüffel

300 g Zartbitterschokolade (mind. 70 % Kakaogehalt)

250 g Crème double (siehe Seite 12)

1 TL Vanilleextrakt (siehe Seite 13)

3 EL Amaretto (optional)

80 g Pistazienkerne

80 g Backkakao

80 g gefriergetrocknete, gehackte Himbeeren

So geht's

1. Die Schokolade raspeln. Die Crème double in einem Topf bei mittlerer Hitze bis kurz vor den Siedepunkt erhitzen. Vom Herd nehmen und die geraspelte Schokolade hineingeben, aber nicht umrühren. Mit einem Geschirrtuch abdecken und 5 Minuten ruhen lassen.
2. Vanille und Amaretto vorsichtig unterrühren. Den Topf abdecken und 2 Stunden im Kühlschrank fest werden lassen.
3. Ein Backblech mit Backpapier belegen. Einen Löffel in heißes Wasser tauchen, damit etwas von der Creme abnehmen und zu einer Kugel formen. Anschließend auf das Backblech setzen. Auf diese Weise ca. 20 gleich große Kugeln herstellen.
4. Die Pistazienkerne hacken. Den Kakao auf einen kleinen Teller geben, die Himbeeren auf einen zweiten und die Pistazien auf einen dritten Teller. Jede Kugel erst in Kakao, dann in den Himbeeren und den Pistazien rollen, sodass die Kugel vollständig bedeckt ist. Bis zum Servieren im Kühlschrank kalt stellen.

Cherry Blondies

Zutaten

für neun Blondies
(Backform 20 x 20 cm)

- 250 g gesalzene Butter
- 50 g grobkörniger Zucker
- 80 g Kokosblütenzucker (alternativ Rohrohrzucker)
- 3 Eier (Größe M)
- 1 TL Vanilleextrakt (siehe Seite 13)
- 200 g Mehl (Type 405)
- ½ TL Backpulver
- 100 g weiße Schokolade
- 1 Glas Kirschen (entsteint, Abtropfgewicht 300 g)
- Butter zum Einfetten der Form

So geht's

1. Die Butter im Topf bei mittlerer Hitze etwa 10 Minuten bräunen. Danach in eine Schüssel geben und beide Zuckersorten hinzufügen. Mit dem Handrührgerät auf niedriger Stufe rühren, bis sich der Zucker auflöst. Die Masse abkühlen lassen.
2. Die Eier nacheinander sorgfältig in die kalte Masse unterrühren. Dann die Vanille einrühren.
3. Das Mehl mit dem Backpulver mischen und anschließend mit einem Holzlöffel unter die Masse heben.
4. Die Schokolade in kleine Stücke hacken. Zwei Drittel der Schokostücke unter den Teig heben. Die Kirschen abtropfen lassen.
5. Den Backofen auf 175 °C Ober-/Unterhitze (155 °C Umluft) vorheizen. Die Backform einfetten und mit Backpapier auslegen. Dann den Teig hineingeben und gleichmäßig mit den abgetropften Kirschen und den restlichen Schokostücken bedecken.
6. Den Kuchen im heißen Ofen (Mitte) 40–45 Minuten backen. Anschließend auskühlen lassen, dann in Quadrate schneiden.

Obsttarte
mit Käsefüllung

Zutaten

für eine Tarte
(Backblech)

1 Pck. Blätterteig (Kühlregal)
5 EL Aprikosenkonfitüre
180 g Mascarpone
3 EL Puderzucker
1 EL Mehl (Type 405)
3 Birnen (alternativ Äpfel)
1 EL Rohrohrzucker
1 Ei (Größe M)
etwas Crème fraîche (optional)

So geht's

1. Ein Backblech mit Backpapier belegen. Den Blätterteig zu einem 22 x 32 cm großen Rechteck ausrollen. Rundum einen 1 cm breiten Streifen abschneiden, auf einer Seite mit Wasser bestreichen und den Streifen so auf den Rand der Teigplatte drücken, dass ein Rahmen entsteht. Den Teigboden mit der Konfitüre bestreichen. Kurz kalt stellen.
2. Für die Füllung Mascarpone und Puderzucker mit einem Handrührgerät aufschlagen. Das Mehl einsieben und unterrühren.
3. Die Birnen schälen und in ca. 5 mm dicke Scheiben schneiden.
4. Den Blätterteigboden mit der Mascarponecreme bestreichen, dabei den Rand auslassen. Mit Birnenscheiben belegen und mit Zucker bestreuen. Das Ei mit 1 TL Wasser aufschlagen und auf den Rand streichen.
5. Den Backofen auf 210 °C Ober-/Unterhitze (190 °C Umluft) vorheizen. Die Tarte im heißen Ofen (Mitte) 40–45 Minuten backen. Wenn sie an der Oberseite zu dunkel wird, mit Alufolie abdecken. Anschließend abkühlen lassen. Auf Wunsch mit einem Klecks Crème fraîche servieren.

Schoko-
Kokoskuchen

Zutaten

für einen Kuchen
(Kastenform 30 x 13 cm)

Für den Teig

100 g Zartbitterschokolade (mind. 70 % Kakaogehalt)

130 g zimmerwarme Butter, plus etwas mehr zum Einfetten der Form

250 g Rohrohrzucker

5 Eier (Größe M)

300 g Mehl (Type 405)

2 TL Backpulver

3 EL Backkakao

200 ml Milch

1 Pck. Kokos-Mandel-Konfekt (230 g, z. B. Raffaello)

Für das Topping

200 g Doppelrahmfrischkäse

2 EL Zucker

1 Pck. Vanillezucker

1 Pck. Sahnesteif

200 g Schlagsahne

Für die Streusel

40 g Kokosraspel

40 g zimmerwarme Butter

40 g Zucker

40 g Mehl (Type 405)

So geht's

1. Für den Teig die Schokolade grob hacken und über einem Wasserbad schmelzen, anschließend gut abkühlen lassen.
2. Die Butter mit dem Zucker schaumig schlagen. Die Eier einzeln unterrühren.
3. Das Mehl mit dem Backpulver und dem Kakao mischen, dann löffelweise in den Teig rühren. Die Milch und die geschmolzene Schokolade hinzugeben und zu einem glatten Teig mixen. Zum Schluss das Kokos-Mandel-Konfekt grob hacken und unterheben.
4. Den Backofen auf 180 °C Ober-/Unterhitze (160 °C Umluft) vorheizen. Die Backform einfetten und den Teig hineingeben. Den Kuchen im heißen Ofen (unten) etwa 1 Stunde backen. Anschließend auskühlen lassen.
5. Inzwischen für das Topping den Frischkäse mit Zucker, Vanillezucker und Sahnesteif mit einem Handrührgerät steif schlagen. Die Schlagsahne in einer separaten Schüssel steif schlagen und unter die Frischkäsecreme heben. Im Kühlschrank kalt stellen.
6. Die Zutaten für die Streusel mischen und mit den Händen zu einer Teigkugel kneten. Teigkugel zu feinen Streuseln krümeln und auf ein mit Backpapier belegtes Backblech geben. Die Temperatur des Backofens auf 200 °C Ober-/Unterhitze (180 °C Umluft) erhöhen. Die Streusel im heißen Ofen (Mitte) 10 Minuten goldbraun backen. Auskühlen lassen.
7. Vor dem Servieren das Topping auf den erkalteten Kuchen streichen und mit den abgekühlten Streuseln bestreuen.

Marmelade Teabread

Zutaten

für ein Teabread
(Kastenform 30 x 13 cm)

Für den Teig

200 g Mehl (Type 405)
1 TL Backpulver
1 ¼ TL gemahlener Zimt
90 g Butter, plus etwas mehr zum Einfetten der Form
50 g Rohrohrzucker
4 EL Orangenmarmelade
1 Ei (Größe M)
3 EL Milch

Für die Glasur

50 g Puderzucker
1 EL Orangensaft

So geht's

1. Für den Teig Mehl, Backpulver und Zimt in einer Schüssel mischen. Die Butter würfeln und mit den Händen in das Mehl reiben, sodass Krümel entstehen. Dann den Zucker unterrühren.
2. Marmelade, Ei und die Milch in einer separaten Schüssel mixen, anschließend in den Teig rühren. Der Teig sollte leicht zähflüssig sein, gegebenenfalls mehr Milch hinzugeben.
3. Den Backofen auf 160 °C Ober-/Unterhitze (140 °C Umluft) vorheizen. Die Backform einfetten und mit Backpapier auslegen. Den Teig hineinfüllen und etwas glatt streichen.
4. Den Kuchen im heißen Ofen (Mitte) 75 Minuten backen, bis er goldbraun ist. Erst 5 Minuten in der Form abkühlen lassen, danach zum Auskühlen auf ein Gitter setzen.
5. Für die Glasur den Puderzucker mit dem Orangensaft verrühren und den Kuchen damit einstreichen oder alternativ in Streifen über den abgekühlten Kuchen träufeln.

Ein Rest Marmelade

Mein Papa liebte Marmelade, besonders zum Frühstück. Jeden Morgen bestrich er seine Toastscheiben mit der fruchtigen Köstlichkeit. Doch er aß das Glas nie vollständig leer. Er stellte sich nämlich vor, dass winzige Brotkrümel in den verbleibenden Marmeladeresten schwammen.

Meine Mutter konnte sich über diese Eigenart nur wundern. Sie fand es schade, die wertvolle Marmelade zu verschwenden. Daher beschloss sie, die Restgläser von Papas Marmelade zu sammeln und etwas Besonderes damit zu zaubern.

So entstand die Idee für das Marmeladenteebrot: Meine Mutter fügte einem Teabread-Rezept die gesammelten Reste der Marmelade hinzu.

Als mein Papa nach Hause kam, empfing ihn ein unbeschreiblicher Duft nach leckerem Kuchen. Mit Genuss aß er das leckere Teabread und lobte seine Frau für ihre wundervollen Backkünste.

Nachdem er erfuhr, dass seine Marmeladenreste in dem Kuchen waren, änderte sich seine Einstellung zu den Resten. Von da an war er nicht mehr so zimperlich und freute sich jedes Mal, wenn meine Mutter ein Marmelade Teabread für ihn backte, in dem seine Reste ihr köstliches Aroma entfalteten.

Das Marmelade Teabread wurde zu einem beliebten Leckerbissen in unsere Familie. Und mein Papa war dankbar dafür, dass seine Frau seine Eigenart liebevoll in etwas Kreatives verwandelt hatte.

Verliebt

in bunte Super Streusel

Meine zuckersüßen Mädels von Super Streusel haben mit mir zusammen und extra passend zu den Rezepten den Super Streusel Mix „MeinHerz“ kreiert.

„MeinHerz“ ist ein Zuckerstreusel-Mix ganz in Pastelltönen und mit süßen Herzchen. Der verpasst meinen Cookie-Eiscreme-Sandwiches, Margarita Cupcakes, Madeleines & Co. den absoluten Wow-Effekt.

Regelmäßig bringe ich zusammen mit Super Streusel neue Kollektionen raus – natürlich immer so bunt und fröhlich wie ich – und für jeden Anlass und jedes Gebäck ist etwas dabei. So könnt ihr euer Gebäck kinderleicht und schnell wunderschön aufpimpen.

Schaut euch meine exklusiven Super Streusel Produkte auf www.superstreusel.de an.

Hol dir 20% Rabatt auf den Super Streusel Mix „MeinHerz“ mit dem Rabattcode*: MEINHERZ20

*solange vorrätig, nicht kombinierbar mit anderen Rabatten. Rabattcode einlösbar auf www.superstreusel.de

Super Streusel

unsere Mission

Mit knallbunter Backdeko katapultiert Super Streusel Hobbybäcker*innen in den höchsten Streuselhimmel. Konfettibunte Zuckerstreusel in den verrücktesten Formen, zarte Schokokugeln und glänzende Zuckersticks verwandeln Kuchen, Plätzchen, Eis & Co. blitzschnell in wunderschöne Kunstwerke. Doch damit nicht genug, bei Super Streusel gibt es neben Streusel-Mixen auch die bunte Kuchenglasur „SuperDrip“, den „SuperGlitzer“, die Zuckerfiguren „SuperDinger“ und gaaanz viel mehr.

Hinter der süßen Backdeko stecken die Schwestern und Gründerinnen Dani Sichting und Kati Decker. Mit unendlich viel Herzblut, ganz viel guter Laune und übersprudelnd vor Ideen haben die beiden eine konfettibunte Welt geschaffen, in der sich Hobbybäcker*innen nur zu gerne verlieren.

Noch mehr

von Rossys Leckereien!

BACKEN MIT ROSS ANTONY

ISBN: 978-3-7459-0618-9

€ 22,00 (D) | € 22,70 (A)

WEIHNACHTSBACKEN MIT ROSS ANTONY

ISBN: 978-3-7459-1217-3

€ 25,00 (D) | € 25,70 (A)

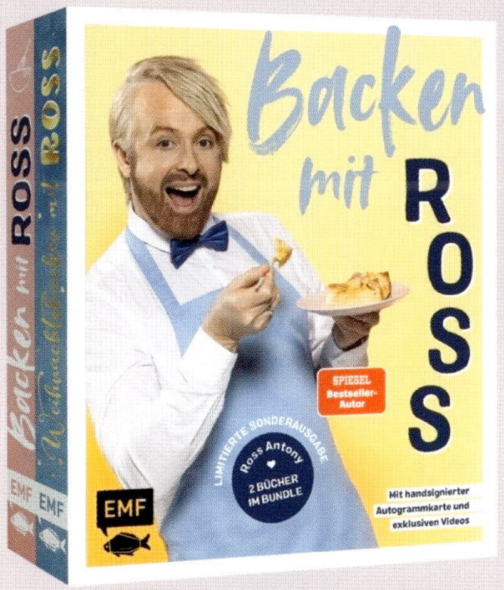

BACKEN MIT ROSS ANTONY (2 BÜCHER IM BUNDLE)

ISBN: 978-3-7459-1906-6

€ 25,00 (D) | € 25,70 (A)

Register

A

B

C

D

E

Impressum

Bibliografische Information der Deutschen Bibliothek.

Die Deutsche Bibliothek verzeichnet diese Publikation in der Deutschen Nationalbibliografie.

Detaillierte bibliografische Daten sind im Internet über http://www.dnb.de/ abrufbar.

EIN BUCH DER EDITION MICHAEL FISCHER

1. Auflage 2024

Projektmanagement und Lektorat: Kira Weingarten, Lisa Helmus, Ulrike Reihn-Hamburger
Redaktion: Textservice Gesa Friedrichsen, Hahnstätten
Covergestaltung, Layout und Satz: Theresa Maringer
Foodfotografie: © Daniela Haller, danistrailcooking, Steyr
Peoplebilder: © Jens van Zoest, Wuppertal
Foodstyling Peoplebilder: Katja Briol, Bornheim
Make-Up und Styling Peoplebilder: Carina Musitowski, Maison Musitowski, Düsseldorf

Foto S. 170 © Super Streusel
Foto S. 40 u re © Tonio_75/Shutterstock, S. 66 o re © sergey kolesnikov/Shutterstock, S. 66 u li © irina-k-ch/Shutterstock, S. 90 o re © Nastya goldi/Shutterstock, S. 90 u li © IgaLisichka/Shutterstock, S. 114 o re © Vera Prokhorova/Shutterstock, S. 114 u li © Lyona/Shutterstock, S. 114 u re © Molly Shannon/Shutterstock, S. 140 o re © tawanroong/Shutterstock, S. 140 u li © JuliaWozniak/Shutterstock, S. 140 u re © Viktoria Hodos/Shutterstock, S. 166 o re © Agnes Kantaruk/Shutterstock, S. 166 u li © Anna Hoychuk/Shutterstock, S. 166 u re © Liliya Kulianionak/Shutterstock
Hintergründe und Illustrationen: Wiesenblumen © Net Vector/Shutterstock, Spitze © Tashsat/Shutterstock, Vintage-Rahmen © Digimanselector/Shutterstock

ISBN 978-3-7459-1907-3

Gedruckt bei PNB Print SIA „Jansili", Silakrogs, Ropazu novads, LV-2133, Lettland

www.emf-verlag.de